Activity

nuevo

¡Ya!

Curso de español

1

Isabel de Sudea Carmen Perea-Gohar

D0245687

OXFORD
UNIVERSITY PRESS

OXFORD
UNIVERSITY PRESS

Great Clarendon Street, Oxford OX2 6DP

Oxford University Press is a department of the University of Oxford.
It furthers the University's objective of excellence in research,
scholarship, and education by publishing worldwide in

Oxford New York

Auckland Cape Town Dar es Salaam Hong Kong Karachi
Kuala Lumpur Madrid Melbourne Mexico City Nairobi
New Delhi Shanghai Taipei Toronto

with offices in

Argentina Austria Brazil Chile Czech Republic France
Greece Guatemala Hungary Italy Japan Poland Portugal
Singapore South Korea Switzerland Thailand Turkey
Ukraine Vietnam

Oxford is a registered trade mark of Oxford University Press
in the UK and in certain other countries

Originally published by Almqvist & Wiksell under the title *Eso sí 1*

© 1983 Ulla Håkanson, Joaquín Masoliver, Gunilla Sandström,
Hans L. Beeck and Almqvist & Wiksell Läromedel AB, Stockholm

© This edition: Oxford University Press 2002

The moral rights of the authors have been asserted
Database right Oxford University Press (maker)
This edition first published 2002

All rights reserved. No part of this publication may be reproduced,
stored in a retrieval system, or transmitted, in any form or by any means,
without the prior permission in writing of Oxford University Press, or as
expressly permitted by law, or under terms agreed with the appropriate
reprographics rights organization. Enquiries concerning reproduction
outside the scope of the above should be sent to the Rights Department,
Oxford University Press, at the address above

You must not circulate this book in any other binding or cover
and you must impose this same condition on any acquirer

British Library Cataloguing in Publication Data

Data available

ISBN-10: 0 19 912344 6
ISBN-13: 978 0 19 912345 2

10 9 8 7 6 5 4 3

Typeset in Esprit Book 10pt

Printed in Great Britain by Ashford Colour Press Ltd., Gosport, Hampshire.

Acknowledgements
Translated from the Swedish by Joan Tate.

Illustrations are by Martin Aston and Matt Buckley.

The publishers would like to thank the following for
permission to use reproduce photographs:
Stone p18 (left), p54 (both); FPG p18 (right); © 2002
Marvel Characters Inc. Used with permission through
Panini S.p.A., Italy p27; David Simson p57; Imagebank
p62; Photodisc p67, 69, 93 Bettmann/Corbis p70
Cover photograph: Stockbyte

Contents

Introduction

¡Ya! 1 Students' Book contains a number of activities linked to the texts, including questions, summaries, listening exercises, dialogues, and descriptions of pictures.

¡Ya! 1 Activity Book also contains examples of these types of activity, plus a wide variety of others. These include role-play, interviews, gap-filling exercises, pronunciation practice, vocabulary building, a few translations, reading and listening comprehension, and practice in both situational dialogues and conversation.

Apart from the activities, this book contains:
- *background information panels* in English, inserted among the activities
- *unit vocabularies* which refer to the texts and activities in both books
- an *English–Spanish vocabulary*

How to use the activities

There are many activities in **¡Ya!** for the student who wishes to work individually, but it is hoped that you will often work in pairs, so that you can listen and learn from each other.

Remember to practise thoroughly. It is not enough simply to find the answer; practise until the conversation flows well. It is better to do fewer activities and do them well, and what you have practised thoroughly will be what you remember later.

Keep a balance between oral and written work. Especially when working on your own, it is easy to fall into the trap of completing a lot of written tasks without practising the oral examples. Practise answering questions orally first, and then write down your answers when you are sure they are correct.

Students work at varying paces, and not every student will want to do every activity.

To help you pick out those that are important to you, each activity has a clear heading and, where relevant, a reference to the point of grammar being practised. An arrow refers you to the grammar explanation at the back of the Students' Book. Make sure you vary the type of exercise you do and work through them in order. There are optional reading activities for those who have more time.

If you haven't had time to complete all the activities before moving on to the next unit, come back to them at a later stage for revision or to test yourself. You should be able to do most of them without help; if you find you can't do this, you may need to go back and revise that unit.

Use the many illustrations and photographs to help you learn. They can set the scene, provide ideas for writing activities, and give clues to the meaning of words. Try to guess at vocabulary from the context before you look it up.

We hope you will find **¡Ya!** stimulating to work with.

Symbols used in this book

 listening activity

 pairwork activity

 research activity: use a dictionary or the Internet

 optional activity

 refer to unit in Students' Book (page number given)

 refer to Grammar in Students' Book (section number given)

1 América Latina·Europa

🎧 E g81 ➡ A El alfabeto español

Escuche y repita. *Listen and repeat.*

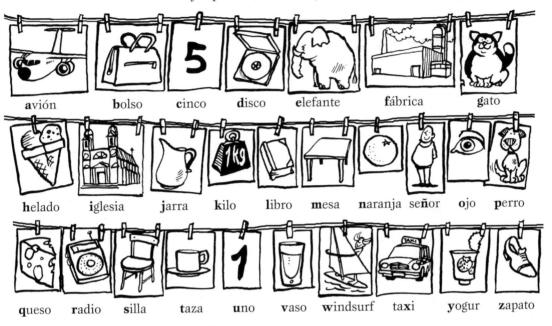

avión   bolso   cinco   disco   elefante   fábrica   gato

helado iglesia jarra kilo libro mesa naranja señor ojo perro

queso radio silla taza uno vaso windsurf taxi yogur zapato

B Pronunciación

E g82 ➡ 1 Las vocales: practique los sonidos a, e, i, o, u.
Practise the sounds a, e, i, o, u.

fá**b**rica **e**lefante **i**glesia **o**jo **u**no

🎧 E g83 ➡ 2 Las consonantes: escuche y repita.

España	ñ	Canarias	c [k]	Barcelona	b, v [b]
Mallorca	ll	Colombia		Valencia	
Perú	r	Cuba		La Habana	b, v [β]
Andorra	rr	Océano Pacífico	c [θ]	Montevideo	
Honduras	h	Chile	ch	Dinamarca	d [d]
San José	j	Galicia	g [g]	Granada	d [ð]
Quito	qu	Gomera		Madrid	
La Paz	z	Guatemala		Extremadura	x
		Argentina	g [χ]		
		Gibraltar			

👥 C ¿Qué nombre es? *Which name is it?*

Persona A deletrea un nombre. Persona B lo dice.
Person A spells a name. Person B says it.

A: C-h-i-l-e   **B:** Chile

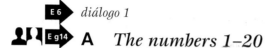

2 En el aeropuerto

E 6 ▶ *diálogo 1*

E g14 ▶ **A** *The numbers 1–20*

Pregunte y conteste como en el ejemplo.
Ask and answer questions as in the example.

A: El avión para <u>Roma</u>, ¿qué puerta es?
B: Puerta número <u>6 (seis)</u>.

SALIDAS	PUERTA
ROMA	16
BARCELONA	1
LISBOA	17
PARIS	15
BUENOS AIRES	10
COPENHAGUE	5
LONDRES	14
HAMBURGO	8
MALAGA	12

22:00

Barajas, the airport for Madrid, is 13 kilometres from the city centre. It is the fifth largest airport in Europe in terms of number of passengers. A shuttle bus runs to and from the city centre every 20 minutes and a new metro line takes only 12 minutes.

E 7 ▶ *diálogo 3*

E g18 **B** **Saludos** *Greetings*

🎧 **1** Escuche el diálogo 2 otra vez y luego complete el diálogo de abajo.
Listen to dialogue 2 again and then complete the dialogue below.

A: ¡Buenos días!
B: ¡_____! ¿Cómo _____ usted?
A: Muy _____, gracias, ¿y _____?
B: Bien, _____.

2 Haga otro diálogo usando **tú**. *Make another dialogue using **tú**.*

E 7 **C** ¿Cómo se llama el señor? ¿De qué país es?

D Apellidos *Surnames*

Rellene la tarjeta. *Fill in the card.*

¿Cómo se llama usted?

Me llamo _____.

¿De qué país es usted?

Soy de _____.

TARJETA DE ENTRADA/SALIDA
ENTRY/EXIT CARD

Apellido
Surname

Nombre
First name

País
Country

Spaniards have two surnames, the father's followed by the mother's. When a woman marries, her name does not change for official purposes and she still uses her parents' surnames when signing a document. So María González Salas may be married to Antonio Rodríguez Gallardo. In everyday conversation, however, only one surname tends to be used, and María and Antonio and their family will generally be referred to as 'los Rodríguez'.

E Presentación

Pregunte y conteste.

A: ¿Cómo te llamas?   *B:* Me llamo _____.
   Deletréalo, por favor.   _____.
   ¿De qué país eres?   Soy de _____.

E g83 **F** Pronunciación: r, rr

Escuche y repita.

r Francia, Perú, Ecuador, puerta
rr Inglaterra, Mediterráneo, Marruecos, Roma

3 En la aduana

E8 *diálogo 1*

A *The indefinite article*

Pregunte y conteste como en el ejemplo.

A: ¿Qué es esto?
B: Es un libro.

1
4
2
5
3
6

E9 *diálogo 2*

B *The indefinite and definite articles (1)*

Pregunte y conteste como en el ejemplo.

A: ¿Qué hay en el bolso?
B: Hay un libro y una revista.

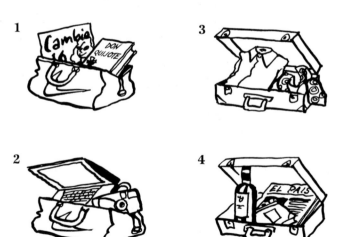

1
3
2
4

C The plural (1)

Lea en voz alta. *Read aloud.*

1 un libro   dos libros

D Diálogos

1 Mire los dibujos y haga dos diálogos.
Look at the drawings and make two dialogues.

A: ¿Qué hay en la maleta?   **B:** ¿En qué maleta?
En la maleta _____.   Hay (1) _____.
¿Algo más?   Sí, hay también (2) _____.

2 Imagine y practique otros diálogos.
Invent and practise other dialogues.

E Escuche y complete el diálogo.

○ ¿Qué _____ en el _____?
◆ ¿En _____ bolso?
○ En el bolso _____.
◆ Un _____.
○ ¿ _____ más?
◆ Sí, hay también _____ y _____.

diálogo 3

F   ¿Cuántos? ¿Cuántas?

Pregunte y conteste como en el ejemplo.

A: ¿Cuántos cigarillos hay en el cartón?
B: Hay cien.

3 páginas – libro

2 puertas – aeropuerto

1 cigarillos – cartón

4 letras – alfabeto

G   En la aduana

1 Reorganice el diálogo de la persona B.
Reorder person B's dialogue.

Persona A:
El aduanero (customs officer)
El pasaporte, por favor.
¿Cómo se llama usted?
¿Qué hay en la maleta?
¿Algo más?
¿Cuántas?
¿Hay también cigarrillos?
¿Cuántos paquetes?
Vale.

Persona B:
El viajero (traveller)
Hay _____. *(give a number)*
Hay _____. *(not bottles or cigarettes)*
Me llamo _____.
Gracias.
Tenga.
Un momento … sí, hay también botellas.
Sí.
Hay tres.

2 Practique el diálogo.

4 España

E 10 **A** Practique el diálogo.

 E g76 **B** No + *verb*

Mire el mapa de la página 4 del libro del estudiante.
Pregunte y conteste como en el ejemplo.

A: ¿<u>Lima</u> está también en <u>España</u>?
B: No, Lima no está en España. Está en (el) Perú.

1	Lima/España	4	Santiago/Ecuador
2	Caracas/Perú	5	La Habana/Chile
3	Quito/Venezuela	6	Bogotá/Cuba

E 11 *líneas 13–26*

C ¿Con qué países/regiones limita?

Mire otra vez el mapa de la página 4 del libro del estudiante.

1	Colombia	5	Castilla–León
2	Perú	6	Galicia
3	Argentina	7	Murcia
4	Bolivia		

Castellano was originally the language spoken by the inhabitants of Castilla la Nueva and Castilla la Vieja in central Spain. Today, **castellano** is synonymous with **español**, and both mean the Spanish language.

E 11 **D** Conteste a las preguntas.

E En el aeropuerto

1 Traduzca al español y practique el diálogo.
Translate into Spanish and practise the dialogue.

A: I'm from Edinburgh. And you?
What country is that in?
Is Caracas in Venezuela too?

B: From Maracaibo.
In Venezuela.
Yes, in the north, on the coast.

2 Imagine y practique otros diálogos.

F Chile

1 Escuche y rellene el texto.

(1) _____ está (2) _____ América (3) _____.
Aquí se habla (4) _____. Además se hablan otras
(5) _____, por ejemplo el mapuche.
(6) _____ se llama Santiago.
Está en (7) _____ del país.
Antofagasta está (8) _____,
Punta Arenas (9) _____.
Estas ciudades están (10) _____
del Océano Pacífico. (11) _____
Perú, Bolivia y Argentina.

2 Escriba los nombres en el mapa.

G Colombia

1 Mire el mapa y lea el texto.

Esto es Colombia. Aquí se habla español. Bogotá es la capital de
Colombia. Está en el centro del país. Barranquilla es una ciudad
grande. Está en el
norte. Medellín está
en el oeste,
Popayán en el sur.
Colombia limita
con Panamá,
Venezuela, Brasil,
Perú y Ecuador.

2 Escriba un texto parecido sobre ...
Write a similar text about ...

1 Argentina: Esto es ... ...
2 Tu país: Mi país se llama
3 Murcia

5 Al centro

A Vocabulario

Rellene los letreros. *Fill in the signs.*
Mire también las páginas 6 y 7 del libro del estudiante.

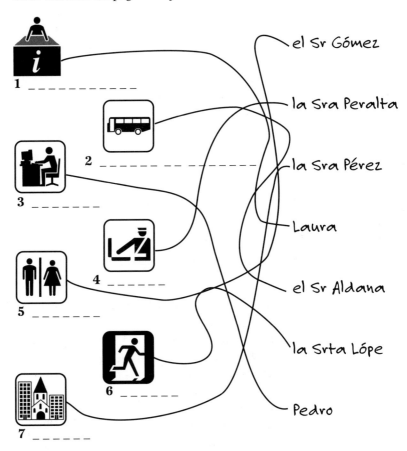

el Sr Gómez

la Sra Peralta

la Sra Pérez

Laura

el Sr Aldana

la Srta Lópe

Pedro

1 _ _ _ _ _ _ _ _ _ _

2 _ _ _ _ _ _ _ _ _ _ _ _ _

3 _ _ _ _ _ _

4 _ _ _ _ _ _

5 _ _ _ _ _ _

6 _ _ _ _ _ _

7 _ _ _ _ _ _

B A la, al

Pregunte y conteste como en el ejemplo.

A: ¿Adónde va <u>el señor Aldana</u>?
B: Va <u>a la parada de autobús</u>.

C Pronunciación: c, z

Escuche y repita.

En el centro de la ciudad de La Paz,
cerca de la plaza de la Estación,
está la oficina de Mercedes García.

E g32 **1** Practique el diálogo usando **tú**.

> *A:* ¿Adónde vas?
> ¿Huelva? ¿Donde está?
> ¿Como vas? ¿En autobús?
>
> *B:* Voy a Huelva.
> En el sur.
> No, voy en coche.

2 Ahora use **usted**.

3 Mire el mapa de la página 10 del libro del estudiante y haga otros diálogos.

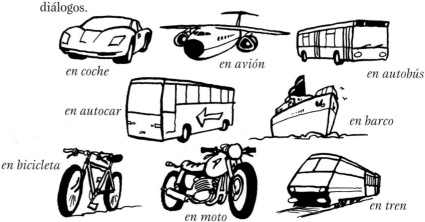

en coche *en avión* *en autobús*

en autocar *en barco*

en bicicleta *en moto* *en tren*

E **En la calle**

1 Haga un diálogo. Grabe la conversación en casete.
Record the conversation on cassette.

Persona A:	*Persona B:*
Greet person B.	Greet person A. Ask how A is.
Say how you are and ask how B is.	Say how you are and ask where A is going.
Answer with the name of a Spanish town.	Repeat the name and ask where it is.
Say where the town is (north, coast).	Ask how A is going to get there.
Say which form of transport you have chosen.	Say goodbye.

2 ¿Cuándo se dice 'buenos días', 'buenas tardes', 'buenas noches'?

6 En el centro de la ciudad

E 14 **A** Conteste a las preguntas.

E g1 **B** *The indefinite and definite articles (2)*

¿el/un o la/una? Rellene el texto.
Luego escriba otros ejemplos.

En la oficina de objetos perdidos hay (1) _____ negro/a.

En (2) _____ negro/a hay (3) _____ grande.

En (4) _____ grande hay (5) _____ pequeño/a.

En (6) _____ pequeño/a (7) hay _____ y en

(8)_____ hay _____. (¡Imagine!)

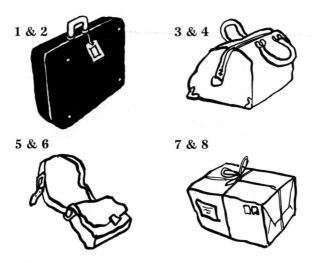

1 & 2   3 & 4

5 & 6   7 & 8

C *The plural (2)*

1 Escriba **un/una** y el plural como en los ejemplos.

1 un bolso – dos bolsos	**6** un hotel – dos hoteles
2 ___ restaurante – dos _____	**7** ___ bar – dos _____
3 ___ paquete – dos _____	**8** ___ ciudad – dos _____
4 ___ calle – dos _____	**9** un avión – dos aviones
5 ___ coche – dos _____	**10** ___ autobús – dos _____

 E g5B **2** ¿Cuál es la regla gramatical? *What is the grammar rule?*

D ¿Dónde está?

Pregunte y conteste como en el ejemplo.

A: ¿Dónde está <u>el hotel Cervantes</u>, por favor?
B: No sé dónde está. Pregunte en <u>el bar</u>.

1 el restaurante Colón/el hotel
2 la terminal/la farmacia
3 la estación de Serrano/la información

E Escuche y conteste a las preguntas.

F ¿Está lejos?

Practique diálogos como en el ejemplo.

A: ¿Dónde está <u>el hotel Goya</u>, por favor?
¿Está lejos?
Muchas gracias.

B: Pues en <u>la calle Goya</u>.
No, allí, allí enfrente.
De nada.

1 la terminal/la plaza de Colón
2 la estación de Serrano/la calle de Serrano
3 el Teatro Español/la plaza de Santa Ana
4 el Museo Thyssen/la plaza Cánovas del Castillo
5 el jardín botánico/el Paseo del Prado

G Conversación en la calle

En grupos de tres (A, B, C): Siga los números.
Work in groups of three. Speak in order of the numbers.

A: **1** Ask politely where the hotel León is.
   6 Repeat the name of the street. Ask if it's far.
   8 Say you're in a car.

B: **2** Say you don't know.
   4 Disagree – the hotel there is called San Antonio.
   7 Ask if C is on foot.

C: **3** Say it's in the calle de León.
   5 Say 'Of course, I'm sorry. The hotel León is in the Carrera de San Jerónimo.'
   9 Say it's not far – near *(cerca de)* the parliament building *(Las Cortes)*.

7 La capital de España

A Madrid

Indique con ✓ las cinco frases correctas.
Mark the five correct sentences with a ✓.

1 Madrid es una ciudad pequeña en España.
2 Hay cuatro mil habitantes.
3 Los ferrocarriles salen de Madrid.
4 Hay varios museos importantes.
5 Hay mucho tráfico en Madrid.
6 No hay mucha industria.
7 El río Manzanares pasa por el centro de Madrid.
8 Mucha gente busca trabajo en la ciudad.
9 El gobierno central está en Madrid.

E g14 B *Numbers above 100*

1 ¿A qué distancia está? Escriba.

Ejemplo: <u>Salamanca</u> está en el <u>centro</u> de España. Está a <u>cuatrocientos setenta y cuatro</u> (474) kilómetros de <u>Sevilla</u>.

1 Salamanca/Sevilla 474	5 Huelva/León 730
2 Bilbao/Salamanca 395	6 Madrid/Pamplona 407
3 Cáceres/Zaragoza 622	7 Huelva/Salamanca 533
4 Madrid/Salamanca 212	8 Pamplona/Zaragoza 175

BARCELONA								
620 BILBAO								
918	605 CÁCERES							
1140	939	323 HUELVA						
784	359	407	730 LEÓN					
621	395	297	632	333 MADRID				
437	159	650	1039	404	407 PAMPLONA			
778	395	210	533	197	212	440 SALAMANCA		
1046	933	264	94	671	538	945	474 SEVILLA	
296	324	622	957	488	325	175	482	863 ZARAGOZA

2 Escriba otros ejemplos de su país.

C Caracas y Barcelona

Mire las fotos y escriba frases como en el ejemplo.

Ejemplo: Caracas, con ... millones de habitantes, es la capital de ....
Está en el ... del país. En ... hay ... de habitantes.

Caracas

Barcelona

Caracas, capital	3.400.000	habitantes
Venezuela	23.000.000	
Barcelona	3.000.000	
Madrid, capital	4.000.000	
España	40.000.000	

D Mi ciudad y mi país

Describa su ciudad y su país.

Mi ciudad se llama .... Con ... (de) habitantes, es .... Está en ....
En el país hay ... de habitantes. Limita con ... en la costa .../
en el norte/sur/oeste/este. Hay ... industria. Exporta ....
La(s) lengua(s) oficial(es) es/son ....

8 Una individual sin baño

A Rellene la reserva del Sr Aldana.

B Reserve una habitación.

C Escuche y conteste a las preguntas.

Escriba las cifras con letras. Write the figures in words.

D ¿Qué es esto?

1 Persona A dice los números. Persona B los une para dibujar … ¿qué?
Person A says the numbers. Person B joins them up to draw ... what?

doscientos ocho – doscientos cinquenta – cuatrocientos veintiuno –
novecientos cuarenta y tres – seiscientos sesenta y seis – trescientos
setenta y cinco – setecientos cincuenta y nueve – quinientos –
novecientos noventa y nueve – ochocientos tres – ochocientos
noventa y nueve – mil

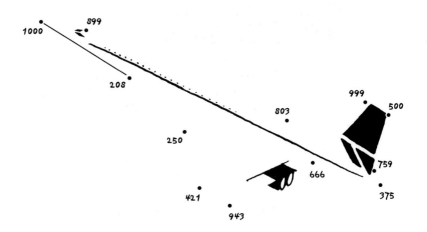

2 Dibuje otro ejemplo.

9 En casa de los Gómez

E 20 **A** Conteste a las preguntas.

E 21 **B** Describa el comedor. ¿Qué sabe usted de la familia Gómez?

C ¿Está o hay?

1 Rellene el texto.

La familia de Mercedes (1) _____ en el comedor. Allí
(2) _____ una mesa. También (3) _____ seis sillas. Además
(4) _____ un televisor. El tele (5) _____ en un rincón.

E g33A **2** ¿Cuándo se usa **hay** y cuándo se usa **está**?
*When do you use **hay** and when do you use **está**?*

D El comedor de los Blanco

Escriba una descripción breve del comedor de la familia Blanco.
Write a short description of the Blanco family's dining room.

E g83 **E** Pronunciación: ch, ll

1 Escuche y repita.

ch Muchos chicos y chicas de Aluche
escuchan música chilena en la ducha.

ll Allí en la silla amarilla
hay una botella y una tortilla.

2 Imagine y practique otros ejemplos.

10 Después de cenar ...

E 22 *diálogo*

E g18A
E g34A

A *Personal pronouns, -ar verbs: present tense*

1 Copie estos verbos y añada el pronombre sujeto correspondiente.
Copy these verbs and add the corresponding subject pronoun.

Ejemplo: miran – ellas (Mercedes y su hermana)

miran   gano   *ellas*
buscan   trabajas   *nosotros*   *vosotras*
necesitamos busca   *él*   *ellos*
pagan   miráis   *ellas*   *yo*   *tú*

2 Escriba frases enteras. *Write full sentences.*

B Entrevista con Mercedes

Haga una entrevista. (¿Formal o informal? ¿Se usa **tú** o **usted**?)

Persona A:
You want to know
- her name
- where she works
- what it's called
- where it is
- her sister's name
- if her sister works in the same place
- why she is looking for another job

Persona B:
You play the part of Mercedes.

E 22 *Ofertas de empleo*

E g32

C ¿Por qué? – Porque ... *Why? – Because ...*

1 Complete las preguntas y respuestas como en el ejemplo.

A: ¿Por qué compra Mercedes el periódico?
B: Porque busca otro trabajo para Clara.

1 Busca otro trabajo para Clara./Mercedes compra el periódico.
2 Clara busca otro trabajo./Es muy aburrido estar en la caja todo el día.
3 Allí hay más anuncios./Las chicas miran en el *Segunda Mano*.
4 Usted trabaja en un supermercado moderno./Pagan bien.

2 Ahora pregunte y conteste.

Busque los diez empleos en la sopa de letras.
Find the ten jobs in the word square.

R	O	S	E	M	A	R	U	L	F	A	M	A	C
S	E	C	R	E	T	A	R	I	A	L	T	I	A
F	P	L	I	N	S	T	I	M	R	S	C	C	J
E	A	O	C	A	J	E	X	O	I	I	E	E	I
T	I	R	O	Z	I	R	A	N	Z	N	M	U	N
P	N	E	M	I	N	F	O	S	O	F	I	T	O
R	F	R	T	A	X	I	S	T	A	O	N	U	D
O	O	A	V	A	C	L	P	M	E	R	T	N	A
F	S	M	T	P	A	E	V	E	R	M	O	A	E
E	N	A	E	S	J	O	U	D	O	A	R	M	L
S	U	C	A	J	E	R	A	T	N	T	P	I	P
O	E	L	S	E	C	R	O	C	I	I	A	S	M
R	A	G	E	L	B	A	T	N	O	C	D	A	E
I	N	F	P	R	O	Z	P	M	E	O	O	L	R

∩ E Un anuncio *An advertisement*

1 Escuche y rellene el formulario. *Listen and fill in the form.*

Empleo: ....

Salario: ....

Teléfono: ....

Día/hora: ....

Persona: ....

2 Ahora escriba el anuncio. *Now write out the advertisement.*

11 ... van al cine

A Conteste a las preguntas.

B ¿Qué hora es?

Diga la hora como en los ejemplos.

1 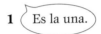 Es la una.　　**2** 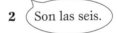 Son las seis.

Some common first names and how they are used in ordinary speech:			
Mercedes	Merche	José	Pepe
Pilar	Pili	Francisco	Paco
Ana María	Ana Mari	Rafael	Rafa
Concepción	Conchi	Javier	Javi
Teresa	Tere		

C Ir *(to go) plural*

1 Complete el diálogo con la forma correcta del verbo, luego practique el diálogo.

A: ¿Adónde _____ (vosotros)?　　*B:* _____ al banco.
　　¿_____ en autobús?　　　　　　No, _____ a pie.

2 Ahora practique usando **ustedes**.

3 ¿Se usa **a la** o **al**? Practique el diálogo con
• cine　• farmacia　• supermercado　• estación

4 Haga otros diálogos con otro tipo de transporte (ver la página 14).
Make other dialogues with different types of transport (see page 14).

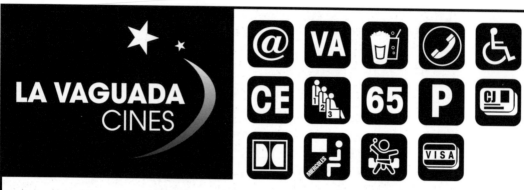

★★★ CARTELERA DE VERANO ★★★

Películas	Horarios	
PARQUE JURÁSICO USA 1h35´ 7 años Los dinosaurios son de nuevo las estrellas	11.40 – 13.35 – 15.35 – 17.40 – 19.45 – 21.50	☾ 23.50
REPLICANT USA 1h45´ 13 años Jean-Claude Van Damme interpreta a un asesino … y a su réplica idéntica	11.20 – 13.25 – 15.30 – 20.00 – 22.20	☾ 00.30
OPERACIÓN SWORDFISH USA 1h40´ 18 años Acción con John Travolta	11.40 – 13.40 – 15.45 – 17.55 – 20.05 – 22.15	☾ 00.20
EL DIARIO DE BRIDGET JONES USA 1h35´ 13 años Romance y comedia con Renee Zellweger y Hugh Grant	13.40 – 15.50 – 18.00 – 20.05 – 22.15	

D ¿Qué dan?

Mire la cartelera y conteste a las preguntas sobre cada película.

1 ¿Cómo se llama la película?
2 ¿A qué hora es la primera/última sesión?
   (What time is the first/last showing?)
3 ¿Cuántas sesiones hay?
4 ¿Cómo se llaman los actores principales?
5 ¿Qué tipo de película es?

> película romántica   película de terror   comedia
> película de ciencia ficción   película policíaca   película de acción

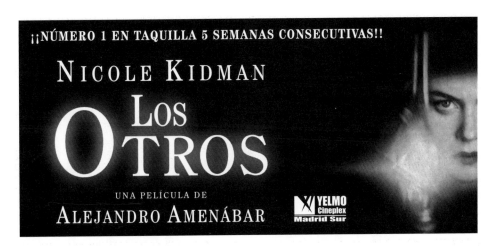

¡¡NÚMERO 1 EN TAQUILLA 5 SEMANAS CONSECUTIVAS!!

NICOLE KIDMAN

LOS OTROS

UNA PELÍCULA DE
ALEJANDRO AMENÁBAR

YELMO Cineplex Madrid Sur

E ¿Vamos al cine?

Mire los anuncios y haga diálogos.

Persona A:
Suggest that you go to the cinema.

Say what kind of film it is.

Say what it's called.

Say the name of the cinema.

Persona B:
Say that you don't know.
Ask what's on.

Say "Fine, but what's it called?"

Repeat the title. Ask which cinema.

Say "Yes, let's go."

F ¿Les gustan las películas?
Do they like the films?

Escuche y rellene el recuadro. *Listen and fill in the grid.*

	película	tipo	opinión
1			
2			
3			
4			
5			

espectacular   sofisticado   interesante   regular
fenomenal   horrible   importante   fatal
genial   sensacional   divertido   violento
nulo   gracioso   emocionante   aburrido

G ¿Qué hay en la tele?

¿A qué hora hay un programa para mí si me gusta(n) ...?
At what time is there a programme for me if I like ...?

 1 el deporte

 2 los dibujos animados

 3 los culebrones

 4 las noticias

 5 los documentales

Telemadrid		TVE1		LA 2	
16:40	A tu lado *talk show*	16:45	El Club Disney	16:50	El cielo es el límite
17:30	Los Simpson	17:45	Tómbola	17:40	Documentos TV
18:00	El Precio justo	18:30	Las nuevas aventuras de Flipper	19:00	Sea Quest *serie*
19:00	Noticiero deportivo	19:15	Informativo territorial	19:50	Fútbol en directo
19:30	El tiempo	20:00	Corrupción en Miami	21:30	Expediente X
19:40	Telediario 2	21:15	Vuelta a España *ciclismo*	22:30	La 2 Noticias
20:00	Betty la Fea *telenovela colombiana*	22:00	Greenpeace – su historia		

H Me gusta ...

¿Tiene usted un programa preferido? ¿Cuál es? ¿Por qué le gusta?
Have you got a favourite programme? What is it? Why do you like it?

12 En el Paseo del Prado

A Compre un periódico y una revista.

B En el quiosco

Compre un tebeo o una revista. *Buy a comic or a magazine.*

© 2002 Marvel Characters Inc. Used with permission through Panini S.p.A., Italy.

Persona A:	*Persona B:*
Choose a comic or a magazine.	Say you're sorry, but the one A has chosen isn't available. Say what you do have.
Ask for one or more of those suggested.	Say what they cost. Say something appropriate when you hand them over.
Say thank you and hand over more than the total cost.	Count out the change as you hand it back.

C Practique: A ver si adivinas …

Vosotros/as and ustedes are the plural forms of **tú** and **usted** – you. **Tú** and **vosotros/as** are widely used in Spain today. You would use **usted** and **ustedes** in a formal situation like an interview, or when talking to older people you don't know well. **Usted** and **ustedes** are commonly used in Latin America when in Spain you would use **tú** and **vosotros**.

D *Verbs and pronouns*

1 *Fill in the table with the appropriate parts of the verbs* **trabajar, tener, ir.**

	infinitive		tener	ir
infinitive		_____	tener	ir
singular 1		_____	_____	_____
2		trabajas	_____	_____
3	él _____ usted	_____	_____	_____
plural 1	nosotros/as	_____	tenemos	_____
2	vosotros/as	_____	_____	vais
3	ellos ellas _____	_____	tienen	_____

2 *Now fill in the subject pronouns for each part of the verb.*

E -ar *verbs*

1 *Write down ten verbs whose infinitive ends in* **-ar**, *like* **trabajar**. *Find examples in units 1–12.*

2 *Write a sentence using each verb.*

F Traduzca al español.

A: Hi. I'm going to the bank, and you?
I'm from Madrid. And you?

B: No, I'm going to the cinema.
I'm from Bolivia and she's from Ecuador.

G   Escuche la entrevista. ¿Quién habla?

TARJETA DE ENTRADA/ SALIDA ENTRY/EXIT CARD	
Apellido Surname	Martínez
Nombre First name	Clara
Domicilio City	Barcelona
País Country	España
Profesión Occupation	Profesora

TARJETA DE ENTRADA/ SALIDA ENTRY/EXIT CARD	
Apellido Surname	Tagholm
Nombre First name	Hugo
Domicilio City	Copenhague
País Country	Dinamarca
Profesión Occupation	Ingeniero

TARJETA DE ENTRADA/ SALIDA ENTRY/EXIT CARD	
Apellido Surname	Soares
Nombre First name	João
Domicilio City	Lisboa
País Country	Portugal
Profesión Occupation	Médico

H   Entrevistas

1   Practique la entrevista.

Persona A:
Ask person B
- what his/her name is

- which town he/she comes from
- where he/she works

- if he/she speaks English

- how much he/she earns
- how many hours a week he/she works
- if he/she goes to work by car

Persona B:
Answer person A's questions. You
- are called Pedro González/ Amalia Carpentier
- are from Barcelona/Bilbao

- are a teacher/work for an American firm
- speak Castilian, English and Catalan/speak English
- earn 3000/4500 euros a month
- give 18 lessons a week/work 40 hours a week
- go by bus, but walk from the bus stop to work/go by underground

2   Practique otras entrevistas.

3   Rellene una tarjeta para usted y escriba una presentación personal.

13 Los meses del año

 E 26 *diálogos*

E g16 **A La fecha**

Lea en voz alta como en el ejemplo.

¿Qué fecha es <u>el día de los Reyes</u>? Es <u>el seis de enero</u>.

1 el día de los Reyes/6.1
2 el día de la Hispanidad/12.10
3 las Fallas de Valencia/19.3
4 el día de San Juan/24.6
5 el día de los Santos Inocentes/28.12
6 el día del Libro/23.4
7 el día de San Silvestre/31.12
8 el día del trabajo/1.5

> In many Spanish-speaking countries, people celebrate their saint's day as much as they do their birthday. The days of the year carry the names of different Catholic saints.

E 27 **B Conteste a las preguntas.**

E g62 **C *The verb* ser**

Rellene el diálogo con las formas correctas del verbo **ser**.

(Teléfono: rrrrrrrrrr)

Soledad ¿Sí?

   Ana Hola, (1) _____ Ana. ¿(2) _____ tú, Soledad?

     S Sí, (3) _____ yo. Hola chica. ¿Qué hay?

     A Oye, ¿vamos todos a la playa?

     S ¿Por qué no? Vamos en mi coche. ¿Cuántos (4) _____ vosotros?

     A (5) _____ cinco. Jaime, Luis, Eva, Trini y yo.

     S ¿Jaime y Luis?

     A (6) _____ mis primos. (7) _____ muy simpáticos.

     S Bueno, vamos pues.

 D Pronunciación: j, g

Escuche y repita.

Juan José Gimeno, un joven ingeniero argentino, y su mujer Julia trabajan juntos en Gibraltar en junio y julio.

El sistema escolar de España

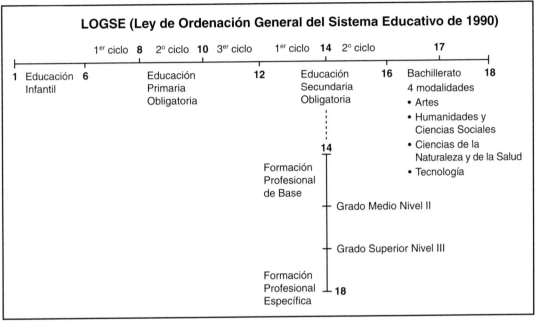

E   El horario

¿Cuántas asignaturas son similares a las de Inglaterra/de tu país?
¿Cuántas son diferentes?

🕐	lunes	martes	miércoles	jueves	viernes
8:15–9:10	lenguaje	educación física	tecnología	ciencias naturales	música
9:15–10:05	ciencias naturales	tutoría	matemáticas	tecnología	ciencias sociales
10:10–11:00	francés	inglés	educación física	lenguaje	tutoría
11:00–11:30	R	E	C	R	E O
11:35–12:25	ciencias sociales	matemáticas	ciencias sociales	francés	ciencias naturales
12:30–13:20	inglés	religión	inglés	matemáticas	plástica
13:25–15:15	COMIDA	COMIDA	13:25–14:15 francés	COMIDA	13:25–14:15 lenguaje
15:15–16:10	tecnología	lenguaje		inglés	

A ¿Dónde están?

Relacione las frases (1–8) con los nombres (a–h).

Ejemplo:

1 un acueducto
2 molinos de viento
3 una sinagoga
4 un teatro romano
5 el 40 % del territorio español
6 un museo
7 una estación de esquí
8 Renault-España

a Toledo
b la Meseta
c La Mancha
d Valladolid
e Cuenca
f Formigal
g Segovia
h Mérida

Iberia

The first known inhabitants of the Iberian peninsula date from about 800,000 BC. During the 11th century BC the Phoenicians, Greeks and Carthaginians began trading along the Mediterranean coast. When Hannibal tried to take Rome by marching through the peninsula, crossing the Pyrenees and then the Alps in 218 BC, the Romans attacked the Mediterranean coast. Over the next 200 years they gradually conquered more and more of the peninsula, uniting it for the first time under a single government. They ruled for a further 400 years until the fall of the Roman Empire in the 5th century AD. They founded towns, built roads, bridges and aqueducts, and harvested the agricultural and mineral wealth. Trajan was the first Hispanic emperor and Seneca, a famous stoic philosopher, was born in Córdoba. The Romans gave Spain her name (Latin: *Hispania*), her language and the Christian faith.

15 Salamanca

 A Describa el dibujo.

 B *Possession*

1 Traduzca al inglés.   Traduzca al español.

1 los padres de Merche   **6** the capital of Spain
2 el coche del director   **7** Mr Ibarra's passport
3 el dueño de la librería   **8** the boys' teacher
4 la casa de los Gómez   **9** the key of the room
5 la madre de las chicas   **10** the director of the bank

2 *What does* **de** *express in Spanish?*

 C *Verbs* estar *and* hay

Escriba tres frases con **estar** y tres frases con **hay**.

Ejemplos: El paseo de San Vicente está en Salamanca.
En el paseo hay una oficina de correos.

 En Correos

D En Correos

Practique diálogos como en el ejemplo.

A: Buenos días. ¿Me da un sello?   **B:** ¿Para <u>un paquete</u>?
Sí, para <u>Inglaterra</u>. ¿Cuánto es?   Son <u>cuatro euros veinte</u>.
Tenga. Ah, por favor, ¿qué hora es?   <u>Es la una y media</u>.
Muchas gracias.

un paquete
Inglaterra
4,20 €

una carta
México
0,75 €

una postal
Perú
0,50 €

E La hora

1 Mire el mapa. En Barcelona son las doce. ¿Qué hora es …

    1 en Santiago de Chile?
    2 en Buenos Aires?
    3 en San Francisco?

2 Construya otros ejemplos.

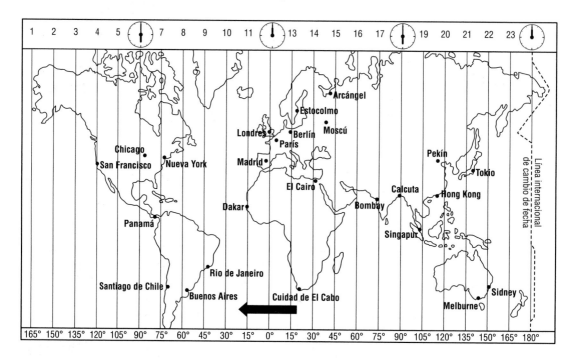

F Entre tú y yo

1 *Person A:* Describe Picture 1 on page 36. Use the Spanish expressions for behind, in front of, between, in, on the right, on the left.

    Person B: Listen to the description and fill in Picture 1 on page 35.

2 *Person B:* Describe Picture 2 on page 36. Use the Spanish expressions for behind, in front of, between, in, on the right, on the left.

    Person A: Listen to the description and fill in Picture 2 on page 35.

Picture 1

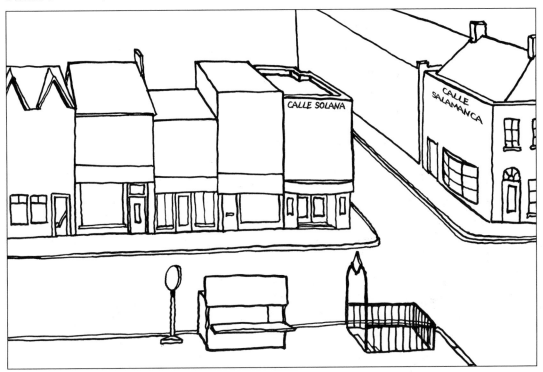

Picture 2

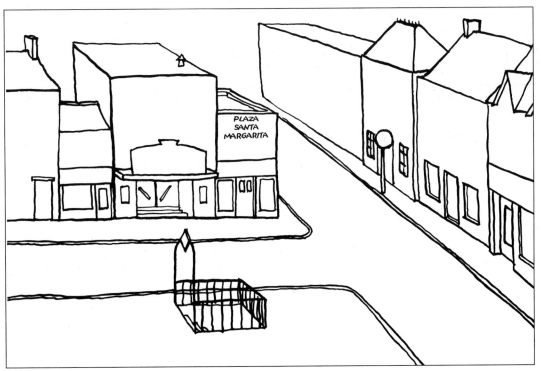

16 Librería papelería

E 35 **A** **Conteste a las preguntas.**

E g8 E g9 **B** *Adjectives*

1 Busque estos adjetivos en la sopa de letras.

slim	delgado	white	_____
tall	_____	interesting	_____
big	_____	red	_____
huge	_____	expensive	_____
small	_____	cheap	_____
old	_____	good	_____
new	_____	famous	_____
blue	_____	fantastic	_____

R	A	N	V	A	D	O	N	P	E	U	B	A	G	A	B
J	B	U	I	N	T	E	R	E	S	A	N	T	E	L	A
I	A	S	E	T	O	E	H	R	T	N	A	M	O	T	E
N	R	O	J	O	V	A	L	P	E	Q	U	E	Ñ	O	S
F	A	M	O	S	O	Q	U	E	L	C	O	L	A	F	T
U	T	I	E	N	G	R	A	N	D	E	R	U	B	I	U
V	O	C	N	A	L	B	S	O	M	Q	N	I	S	T	P
I	R	H	E	L	T	I	Z	R	A	U	T	Z	N	E	E
D	E	L	G	A	D	O	O	M	L	U	Z	A	I	R	N
N	C	E	I	M	O	N	U	E	V	O	U	L	T	D	D
E	U	R	O	N	E	U	B	Ñ	O	S	I	C	A	R	O

2 Escriba frases usando los adjetivos.

El chico es alto.   La ciudad …
Los coches son viejos.   La catedral …
Pedro …   La farmacia …
Los chicos …   La maleta …
María …   Los libros …
Las hermanas …   El turismo …

C ¿Cuánto cuesta?

1 Practique el diálogo.

A: ¿Cuánto cuesta el plano?
Es muy caro. ¿No tiene otro?

Muy bien.
No, gracias. Está bien.

B: Cinco euros cincuenta y cinco.
Sí, el plano que está allí. Es
bueno y barato, dos euros diez.
¿Algo más?

2 Practique otros diálogos.

1 la carpeta   2,15 €/1,85 €
2 los bolígrafos   0,95 €/0,45 €
3 los lápices   0,55 €/0,35 €

D ¿Qué compra el señor?

Escuche y complete el diálogo.

◆ Y usted, señor, ¿qué desea?

○ ¿(1) _____ usted el último (2) _____ de Vargas Llosa?

◆ Sí, sí, aquí está.

○ ¿(3) _____ cuesta?

◆ A ver … (4) _____ euros treinta.

○ Muy bien.

◆ ¿(5) _____ más?

○ ¿Me da (6) _____ sobres, por favor?

◆ ¿(7) _____?

○ Sí.

◆ Tenga. (8) _____ euros (9) _____.

○ Ah, perdone, ¿no tiene una (10) _____ de la Universidad?

◆ ¿(11) _____ una? (12) _____. Son (13) _____ euros
(14) _____ en total.

○ Muchas gracias.

◆ A usted.

(🕐) E   La literatura en lengua española

La literatura en lengua española es muy rica y variada. Entre los escritores más conocidos del siglo XX son:

GABRIEL GARCÍA MÁRQUEZ
CIEN AÑOS DE SOLEDAD

PABLO NERUDA
20 POEMAS DE AMOR
Y UNA CANCIÓN DESESPERADA
TÉMPORANEA
LOSADA, S. A.
8 AIRES

Miguel Ángel Asturias
EL SEÑOR PRESIDENTE
NOVELA
LOSADA, S. A.

Federico García Lorca
Bodas de sangre
Biblioteca clásica y contemporánea
Losada

JULIO CORTAZAR
RAYUELA
EDITORIAL SUDAMERICANA

MARIO VARGAS LLOSA
LA CIUDAD Y LOS PERROS
NOVELA
PREMIO BIBLIOTECA BREVE 1962

Mario Vargas Llosa, *Perú 1936–*
Miguel Ángel Asturias, *Guatemala 1899–1974*
Federico García Lorca, *España 1898–1936*
Gabriel García Márquez, *Colombia 1928–*
Antonio Machado, *España 1898–1939*
Julio Cortázar, *Argentina 1914–1984*
Pablo Neruda, *Chile 1904–1973*

1   Lea y conteste a las preguntas.

   1   ¿Cómo se llama la novela de Vargas Llosa?
   2   ¿Quién es el autor de *Bodas de Sangre*?
   3   ¿De qué país es Julio Cortázar?
   4   ¿Cuántos poemas de amor hay en el libro de Pablo Neruda?
   5   ¿Qué significa *El Señor Presidente*?
   6   Traduzca el título del libro de García Márquez.

🔎 **2**   ¿Qué otros libros, novelas o poesías hay de estos autores?

F El español en el mundo

El español se habla, además de en España y en América Latina (excepto Brasil y las Guyanas), en muchas partes de los Estados Unidos.

El español se habla también en las antiguas colonias españolas de África y, aunque hoy día muy poco, en Filipinas.

Es una de las seis lenguas oficiales de la ONU (Organización de las Naciones Unidas). ¿Sabe usted cuáles son las otras cinco? (Solución abajo)

Las lenguas más habladas del mundo

chino	1.113 millones	árabe	201 millones	portugués	135 millones
inglés	372 millones	malayo/indonesio	160 millones	japonés	120 millones
hindi/urdu	316 millones	ruso	150 millones	alemán	100 millones
español	304 millones	bengalí	150 millones	francés	70 millones

17 Desayuno en la cafetería

E 37 **A**   Y usted, ¿qué toma?

E 37 **B**   ¿Qué desayunan Margarita, Ernesto y Ángel?

C   Y usted, ¿qué desayuna? ¿Y su compañero/a?

Practique otros diálogos.

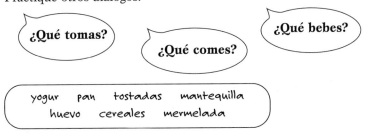

¿Qué tomas?

¿Qué comes?

¿Qué bebes?

> yogur   pan   tostadas   mantequilla
> huevo   cereales   mermelada

E g13 **D**   ¿Muy o mucho?

1   Mire los ejemplos y decida cuándo se usa **muy** y cuándo se usa **mucho**. ¿Cuál es la regla gramatical?

1 El actor es muy famoso.
2 Muy bien.
3 Fumas mucho.

2   Escoja la forma correcta.

1 Es mucho/muy barato.
2 Sí, pero es muy/mucho bueno.
3 Pilar trabaja mucho/muy.
4 Habla inglés mucho/muy bien.

E 37 **E**   Pronunciación: Entonación

18 Un día completo

E 38   **A**   Conteste a las preguntas.

E 38   **B**   Ángel habla de sí mismo. ¿Qué dice?

E g15   **C**   ¿A qué hora?

1   Pregunte y conteste como en el ejemplo.

A: ¿A qué hora cierra <u>el banco</u>?   *B:* A <u>las dos</u>.

1	el banco	14:00	**4**	la farmacia	20:30
2	la oficina	17:45	**5**	el bar	22:30
3	la cafetería	23:30	**6**	el restaurante	24:15

2   ¿De qué hora a qué hora hay desayuno, almuerzo y cena?

Vía Véneto

COMIDAS

Desayuno 8h – 10h30

Almuerzo 13h – 15h

Cena 20h – 22h

*RESTAURANTE * TERRAZA * BAR*

D   Los verbos – repaso

Rellene el diálogo con la forma correcta de los verbos indicados.

Cristina (1) _____ (entrar) en el supermercado para
(2) _____ (hablar) con su amiga Teresa.

C   Hola, Teresa. ¿Cómo estás?
T   Regular. (3) _____ (tener) mucho trabajo.
C   ¿A qué hora (4) _____ (terminar) hoy?
T   A las ocho y media.
C   ¡A las ocho y media! ¿No (5) _____ (cerrar) a las ocho?
T   El súper (6) _____ (cerrar) a las ocho, pero nosotros
    (7) _____ (trabajar) hasta las ocho y media. ¿Por qué
    (8) _____ (preguntar)?
C   (9) _____ (dar) una película americana en el Lux.
    ¿(10) _____ (nosotros, ir)?
T   ¿A qué hora (11) _____ (empezar)?
C   A las nueve y media.
T   Vale, pero antes (12) _____ (tener que) pasar por casa.
C   Estupendo.

E ¿Acento o no?

1 Escriba el texto otra vez con los acentos y signos de puntuación correctos.
Rewrite the text with the correct accents and punctuation marks.

> laura guzman tiene mucho que hacer hoy su amiga maria esta en el
> hospital por la tarde laura va al hospital pero antes va a una libreria
> para comprar un libro en ingles compra ademas unas postales despues
> entra en una cafeteria para tomar un cafe va en bicicleta al hospital
> maria esta en la habitacion numero 8 cuando llega laura el medico
> esta alli

2 Ahora usted pregunta a una amiga sobre Laura. Escriba en español sus preguntas.

1 where Laura's friend is
2 what her friend's name is
3 when Laura is going to the hospital
4 what Laura is going to buy
5 why she goes into a café afterwards
6 how she is going to get to the hospital
7 which room her friend is in
8 who is there when she arrives

 F ¿Quién habla?

 1 Escuche y lea.

miércoles 17	**miércoles 17**	**miércoles 17**
mañana	mañana	mañana
pasar la aspiradora	pasear el perro	estar en clase
tarde	tarde	tarde
trabajar en el banco	estar en clase	preparar la cena
noche	noche	noche
cenar en casa	planchar las camisas	cenar con Pedro

Conchi   Isabel   Marta

2 Y usted, ¿qué tiene que hacer? Escriba tres frases.

Por la mañana tengo que …
Por la tarde …
Por la noche …

19 Una cita

E 39 **A** Escuche y conteste a las preguntas.

E g33C E g51 **B** Estar

1 Lea los ejemplos.

    1 ¿Cómo está usted?
    2 Clara no está todavía (en casa).
    3 Lima está en Perú.

What does **está** *mean in these three examples?*
Is the form of the verb different from other **-ar** *verbs?*

2 Luisa habla con dos amigos de su hermano Paco.
Traduzca al español.

    Luisa Hi, how are you?
    Juan Fine. How are you?
    Luisa Fine, thanks.
    Juan Is your brother Paco here in Barcelona now?
    Luisa No, he's in Ubrique.
    José And where's Ubrique?
    Luisa In Andalusia.

E g35A E g36A **C** *Stem-changing* **-ar** *verbs*

Rellene el texto con la forma correcta de los verbos indicados.

A eso de las dos, los señores Galván se (1) _____ (encontrar)
con el cliente de Londres. (2) _____ (pensar) ir a un buen
restaurante en el centro de la ciudad. En el restaurante, el cliente
(3) _____ (empezar) a hablar de su familia en Inglaterra.
(4) _____ (contar) también algo de su trabajo. Los tres
(5) _____ (almorzar) bien y (6) _____ (comenzar)
a tomar el café cuando el móvil de la señora de Galván
(7) _____ (sonar). Tiene que ir a buscar algo en la tienda
porque (8) _____ (cerrar) pronto, y va en taxi porque no
(9) _____ (costar) mucho. Luego va a casa. Los señores toman
otro café.

E 39 **D** Imagine el diálogo entre el Sr y la Sra Galván.

E Palabras y frases (1)

Busque las palabras o frases equivalentes.
¿Cómo se expresa cuando ...?

1 You need a moment to think
2 You want to attract the attention of someone you use **tú/usted** to
3 You don't know and hesitate
4 You are sorry about something
5 You realize something is right
6 You ask a favour
7 You need support
8 You think something is good
9 You think something is really good
10 You agree
11 You protest
12 You express surprise
13 You reply to thanks
14 You explain

eso es   a ver

es que ...   oye

bueno   no sé

vaya   eso sí

¿verdad?   por favor

no, hombre, no

de nada   mire

¿no?   ah sí, claro

no, mujer   pues

lo siento   estupendo

muy bien

F Una llamada telefónica

1 Practique el diálogo usando las palabras y frases de la actividad E.

Persona A:	*Persona B:*
Dial a number, saying nine numbers.	Answer the phone.
Greet B and say who you are. Ask if Vicente is at home.	Say you are Vicente.
Say "Oh, it's you. How are you?"	Say you are well and ask how A is.
Say "Very well, thank you". Ask if you *(pl)* are going to the cinema tomorrow.	Say you're sorry, but your English course starts tomorrow. Suggest going today.
Say that's fine. Suggest the Cinestudio.	Ask what film is on.
Say it's a good American film. Suggest you meet at 8 o'clock.	Say no, you have dinner at 8. Suggest the 10 o'clock showing.
Say that's fine. "A quarter to ten, then."	Ask where.
Say at the entrance.	Say OK and goodbye.

2 Imagine y practique otros diálogos.

20 El este de España

E 40

A La región

Conteste a las preguntas.

1 ¿Qué comunidades autónomas hay en el este de España?
2 ¿Qué lenguas se hablan en esta región?
3 En el País Valenciano, ¿cómo es la tierra?
4 ¿Llueve mucho?
5 ¿Qué tipo de fruta se cultiva en las huertas?
6 ¿Adónde se exporta?
7 Además de fruta, ¿qué produce la tierra de Valencia?
8 ¿Cuáles son los ingredientes de la paella valenciana?

E 43

B Cataluña

Escoja la palabra o frase más apropiada.

1 Más del 6 % / 15 % / 50 % de la población de Cataluña trabaja en la industria.
2 Muchos de sus habitantes proceden de Portugal/Francia/Andalucía.
3 La capital de Cataluña se llama Barrio/Barcelona/Baleares.
4 La capital tiene más de 13/30/3 millones de habitantes.
5 La calle más popular de la capital se llama las Ramblas/el Rastro/el Palmeral.
6 Allí venden naranjas y mandarinas/flores y pájaros/calamares y mariscos.
7 La Sagrada Familia es un parque/un barrio/una iglesia.
8 Está en las afueras/en la costa/en el centro de Barcelona.

C Las Islas Baleares

Cuente algo sobre las Islas Baleares. Mencione
- cuántas islas hay y sus nombres
- dónde están
- el turismo
- el clima

21 De paso por Elche

E 44
E g34B
E g34F

A -er *verbs: present tense*

Complete las frases con la forma correcta del verbo indicado.

1 El guía _____ un bocadillo cada día. (comer)
2 Nosotras siempre _____ bastante agua. (beber)
3 ¿En la librería _____ la última novela de García Márquez? (vender)
4 Pues _____ que sí. ¿Por qué? (creer)
5 Porque quiero _____ todas sus obras. (leer)

E g35B
E g36B

B *Stem-changing* -er *verbs*

Rellene el recuadro.

	poder *(o → ue)*	querer *(e → ie)*	tener *(e → ie)*
yo	_____	quiero	_____
tú	puedes	_____	_____
usted/él/ella	_____	_____	tiene
nosotros/as	podemos	queremos	_____
vosotros/as	_____	_____	tenéis
ustedes/ellos/ellas	_____	_____	_____

 E g29A

C Algo/No … nada

Imagine un diálogo en el bar. Mire la lista de precios en la página 36 del libro del estudiante.

Persona A: Cliente/a	**Persona B: Camarero/a**
Call for the waiter.	Ask if the customer is ready to order.
Say what you want to drink.	Ask if he/she wants anything else.
Say you're hungry and want something to eat.	Suggest a sandwich.
Order the one you want.	Ask if the customer would like anything else.
Say no, thank you. That's fine.	Say "right away".

E 45

D Cuente usted lo que sabe de las personas que están en el bar.

E Crucigrama

Rellene el diálogo y el crucigrama.

◆ Tengo (1) _____. Quiero comer algo.
○ Yo (2) _____. (3) _____ hacer unos (4) _____.
¿(5) _____ algo en casa?
◆ (6) _____ hay pan y (7) _____.
○ El queso no me (8) _____ mucho. ¿No hay (9) _____?
◆ A ver … Sí, pero no hay mucho.
○ Entonces yo como un bocadillo de jamón y tú
(10) _____ de queso.
◆ ¿Qué bebemos? ¿Té?
○ No, (11) _____ leche.
◆ ¡(12) _____! No hay.
○ Bueno, entonces un té.

F Pronunciación: b, v

1 Lea en voz alta.

En Bogotá, en Colombia, venden bolígrafos buenos y bastante baratos.
Bárbara y su abuela trabajan en Barcelona, en un banco.
En febrero van a Valladolid en avión, y en abril van a Valencia
en barco.

2 Imagine otros ejemplos.

22 Una llamada telefónica

Diga/Dígame — España
Hola — Argentina
Bueno — México
Aló — Otros muchos países

E 46 A Escuche y conteste a las preguntas.

E 46 B Llame por teléfono y reserve una habitación …

E 47 C Usted está en España y llama a su casa.

D Llamada de un minuto

A ver cuánto puede usted decir en un minuto.
See how much you can say in one minute.

- Your name is …
- You're phoning from …
- You're a friend of the person's son/daughter, who is studying in England.
- You want to say that the son/daughter is coming to Barajas that evening at … He/She will take the bus to the terminal and wait there. He/She has a lot of luggage.

E Una conversación telefónica

1 Imagine una conversación telefónica. Persona A está en un hotel en Valencia. (Mire la guía en la página 46 del libro del estudiante.) Tiene que llamar a un(a) amigo/a español(a) en Castellón de la Plana.

Persona A:	Persona B:
Ring up.	Answer the phone.
Say who you are and ask to speak to your friend.	Say you are the friend.
Ask how he/she is.	Say how you are.
Ask if your friend can be at the hotel tomorrow at …	Answer the question.
Give the address and telephone number.	Note down the details.

2 Imagine otra conversación. Persona B llama por teléfono.

E g32 **F** *Interrogative pronouns and phrases*

¿Qué pregunta usted para tener estas respuestas? (Use el **tú**.)

1 *¿De dónde eres?* Soy de Alicante.
2 ¿_____? Me llamo Alfonso Montalbán.
3 ¿_____? Vivo en las afueras de Alicante.
4 ¿_____? El coche es de mi hermano.
5 ¿_____? Voy a Castellón.
6 ¿_____? Porque hay una fiesta allí.
7 ¿_____? Mañana por la mañana.

E g45 **G** *The imperative:* **usted/tú**

1 *What do these imperatives mean? Write the infinitive of each verb.*

Ejemplo: conteste – contestar

conteste   rellene   escuche   pregunte   reserve   compre

2 *Write the corresponding* **tú** *form.*

Ejemplo: conteste – contesta

3 **-er** *and* **-ir** *verbs: fill in the table for* **vender** *and* **describir**.

	vender	**describir**
→ usted	_____	describa
→ tú	vende	_____

4 *Irregular verbs: what do these mean? Write the infinitive of each verb.*

tenga   oiga   diga   traduzca

5 *Some verbs change their spelling. What do these mean?*

descolgar – descuel**gu**e   marcar – mar**qu**e

23 El tiempo y las estaciones del año

A El tiempo en mi país

Escuche y rellene el recuadro.

Estación		Meses	Tiempo	Comentario
verano	España			
	Cono Sur			
invierno	España			
	Cono Sur			

The **Cono Sur** (Southern Cone) of South America comprises Argentina, Chile, Paraguay and Uruguay.

B El tiempo hoy

1 Mire el mapa y rellene el tiempo para hoy.

1 En el norte cerca de Bilbao _____ bastante.
2 En en el sur _____ tiempo y hace _____.
3 En las montañas _____ mucho y hace _____.
4 En la costa del este _____.
5 En la región de Madrid _____ tiempo.

2 Pregunte y conteste acerca del tiempo como en el ejemplo.

A: ¿Qué tiempo hace hoy en Madrid?   *B:* En Madrid hace …

C ¿Qué tiempo hace?

Escriba frases acerca del tiempo en Santander, Valladolid y Santa Cruz de Tenerife.

En	Santander Valladolid Santa Cruz de T.	en primavera en verano en otoño en invierno	hace	mucho bastante	calor frío	sol viento
				(muy)	buen mal	tiempo
			llueve nieva	mucho bastante (muy) poco		

51

24 En la playa

E 50 *diálogo 1*

E g3J

A Lenguas y familia

Pregunte y conteste como en el ejemplo.

A: ¿Habla usted <u>español</u>?

¿Y <u>su amigo</u> también?

B: Sí, un poco. Estudio <u>español</u> en Edimburgo.
Entiende un poco, pero habla <u>alemán</u>.

1 español/amigo/alemán
2 inglés/hermana/francés
3 catalán/primo/portugués

4 italiano/padre/griego
5 ruso/abuelos/polaco

diálogo 2

E 50

B Países y nacionalidades

E g2B

1 Mire el mapa y conteste a las preguntas.

E g8

las Srtas Svensson

el Sr Curran

la Sra Brown

los Sres Dupont

la Srta Brandt

1 ¿De qué país es la señora Brown?
Es de ...
¿De qué nacionalidad es? Es ...
2 ¿Y el señor Curran?
3 ¿Y la señorita Brandt?
4 ¿Y los señores Dupont? ¿De qué país y de qué nacionalidad son?
5 ¿Y las señoritas Svensson?

2 Complete las frases.

1 El señor Platinga es holandés. Es de _____.
2 El señor Nielsen es danés. Es de _____.
3 La señora Sørstad es noruega. Es de _____.
4 El señor Kekkonen es finlandés. Es de _____.
5 La señorita Soares es portuguesa. Es de _____.
6 El señor Schutz es austriaco. Es de _____.

3 Escriba los nombres de los países en el mapa.

E 51
E g34C
E g34F

diálogo 4

C -ir *verbs: present tense*

1 Complete las frases con la forma correcta del verbo adecuado.

1 Mamá y yo _____ una postal a Pedro.

2 Los dos españoles _____ en Francia.

3 Ana y tú _____ a pie ¿verdad?

> subir
> escribir
> vivir

2 ¿Cuáles son las otras formas del presente de estos verbos?
¿Son diferentes de los verbos en **-ar** y **-er**? ¿Cómo?

E 51

D Escuche y conteste a las preguntas.

E g3J
E g8

E Los periódicos

¿Qué periódicos venden en la playa? Rellene el diálogo.

◆ ¿Tiene periódicos en (1) _____ *(German)*?

○ No, lo siento. No quedan. ¿Es usted (2) _____ *(German)*?

◆ No, soy suizo.

○ No habla (3) _____ *(French)*? Tenemos *Le Monde*.

◆ No, entonces mejor un periódico (4) _____ *(Spanish)*.
Deme el *Avui*.

○ Pero si el *Avui* está en (5) _____ *(Catalan)*. Tenga *El País*
que está en (6) _____ *(Spanish)*.

EL PAIS

VIERNES 14 DE SEPTIEMBRE DE 2001   **DIARIO INDEPENDIENTE DE LA MAÑANA**   EDICIÓN **MADRID**
Año XXVI. Número 8.879   www.elpais.es   Precio: 150 pesetas - 0,90 euros

Más de 5.000 desaparecidos, según la primera estimación

F   ¡Mucha imaginación!

1   Imagine y escriba acerca de estas personas. Mencione

- su nacionalidad   • dónde vive   • su nombre   • su edad
- su familia   • dónde trabaja   • su profesión
- si el trabajo es interesante/aburrido/…   • si paga bien o mal
- dónde está la persona ahora   • adónde va   • por qué

2   Busque fotos de dos o tres personas en un periódico o una revista. Conteste a las preguntas de su pareja describiendo una foto. Su pareja tiene que adivinar cuál es.
Find photos of two or three people in a newspaper or magazine.
Answer your partner's questions by describing one of the photos.
Your partner has to guess which it is.

25 Dos postales …

E 52 **A** ¿Qué escriben Carlos y Elisa?

E g16C **B** Los años

Relacione el año con el evento importante. Lea los años en voz alta.

Ejemplo: 1492 (mil cuatrocientos noventa y dos) – Colón sale en su primer viaje

1492   el grito de independencia en las Américas
1713   los Juegos Olímpicos de Barcelona
1805   comienza la Guerra Civil en España
1810   el Tratado de Utrecht (España regala Gibraltar a los ingleses)
1936   la batalla de Trafalgar
1976   Colón sale en su primer viaje
1992   muere Franco

E g16A
E g16D **C** Las fechas

Lea las fechas en voz alta.

1 San Salvador 12.10.1492   **4** Picasso nace 25.10.1890
2 Lepanto 7.10.1571   **5** Goya nace 30.03.1746
3 Guernica 26.4.1937   **6** El Greco muere 07.04.1614

E g38 **D** El futuro

 1 ¿Qué van a hacer? Pregunte y conteste como en el ejemplo.

A: ¿Qué <u>va</u> a hacer <u>Pepe</u> el domingo?   *B:* <u>Va</u> a <u>ir al cine</u>.

Pepe   alquilar un coche
Pablo y Martín   regresar a la capital
tú y Felisa   ir al cine
la señorita Cavero   estudiar
los señores Guzmán   almorzar en casa de un amigo
la señora Buendía   ir a la piscina

2 Y usted, ¿qué va a hacer?

E Una postal

Envíe una postal (80–100 palabras). Mencione

- el lugar donde está de vacaciones y cómo es   • el tiempo
- el hotel o la pensión   • los amigos o la familia
- lo que va a hacer mañana   • cuánto tiempo se queda

... y una carta de México

F *Reflexive verbs*

1 Lea estos ejemplos y subraye el verbo.

  1 Voy a quedarme aquí quince días.

  2 En Teotihuacán se encuentran las famosas pirámides.

¿Dónde está el pronombre reflexivo? ¿Cuál es la regla gramatical para el tiempo presente y para el infinitivo?

2 Complete las frases con el verbo en futuro.

  1 Normalmente me levanto a las ocho pero mañana es sábado y <u>voy a levantarme</u> a las nueve.

  2 Normalmente me ducho en seguida pero mañana _____ más tarde.

  3 Normalmente me quedo en casa pero mañana _____ con amigos.

  4 Normalmente me acuesto a las diez pero mañana _____ a las once.

3 Traduzca al español.

  ◆ My name's Diego Peralta. What's yours?

  ○ My name's Soledad Parra.

  ◆ I'm staying here for a fortnight.

  ○ I've got to leave tomorrow.

G Conversación en la disco

Rellene el texto con el verbo y el pronombre adecuados.

  ◆ ¿Cómo (1) _____?

  ○ (2) _____ María Isabel.

  ◆ ¿Y cómo (3) _____ tu hermana?

  ○ (4) _____ Julia.

  ◆ (5) _____ hasta la hora de cerrar?

  ○ No, (6) _____ sólo hasta las doce.

  ◆ ¿Por qué (7) _____ tan temprano?

  ○ Tenemos que (8) _____ a casa porque nuestros padres (9) _____ mañana por la mañana. Van a Mexico y tenemos que (10) _____ a las seis.

> se llama   irnos   te llamas   os vais   os quedáis
> me llamo   se van   nos quedamos   levantarnos   se llama

56

H   Una carta de México

Conteste a las preguntas sobre la carta en el libro del estudiante.

1   ¿Quién escribe la carta?
2   ¿A quién escribe?
3   ¿Dónde está?
4   ¿Qué dice de la ciudad?
5   ¿Qué estudia allí?
6   ¿Cuánto tiempo va a quedarse allí?
7   ¿Qué dice de su trabajo?
8   ¿Qué hace los fines de semana?
9   ¿Qué va a hacer este domingo?
10   ¿Qué más dice de su vida allí?

 I   ¿Qué escribe Claudio a su amigo Bruno?

Escuche y rellene la postal.

México D.F., el 10 de diciembre

Querido Bruno:

¡Sabes cuántos (1) _____ tiene esta
(2) _____? ¡(3) _____
millones! Pero esto no es nada. En el año
(4) _____ va a
(5) _____ —según dicen—
(6) _____ (7) _____.
(8) _____ como toda España. Bueno,
(9) _____ mucho y
(10) _____ una barbaridad.
Ah, ¡felices Navidades! Yo (11) _____
las vacaciones en Cancún. Espero
(12) _____ bañarme. Hoy
(13) _____ allí (14) _____
grados.
Hasta pronto.

Claudio

Bruno Pereda

Avda. de Felipe II, 8

28009 Madrid

ESPAÑA

26 El sur de España

A Andalucía

Hable un poco sobre Andalucía. Prepare unas notas sobre

- la región • los productos • la tierra • las industrias
- los centros turísticos • los problemas • la gente • el empleo

B ¿Sí o no?

1 ¿Las frases son correctas? Escoja **Sí** o **No** y anote la letra del alfabeto correspondiente. Las letras forman una palabra: ¿cuál es?
*Are the sentences correct? Choose **Yes** or **No** and note down the corresponding letter of the alphabet. The letters form a word: what is it?*

Respuesta: _____

Andalucía es, sobre todo, una región industrializada.	Hay una fábrica de Renault-España en Valladolid.	La Mancha es una región seca.

NO • C → / SI • E ↓

NO • A → / SI • O ↓ / SI • R ↑ / NO • L ↓

| En Madrid hay una Universidad Autónoma. | La lengua oficial de Andorra es el catalán. | Madrid tiene dos millones de habitantes. |

SI • S ↓ / NO • L / NO • N / SI • R / NO • R / SI • A ↓

| El original de la Dama de Elche está en Elche. | En Andalucía hay bastante agua. | Las Ramblas están en Barcelona. |

SI • C ↓ / NO • P / NO • E / NO • E / SI • A / SI • S / NO • M ↓

| Caracas está en Colombia. | España es el primer país productor de cítricos del mundo. | Hay poco turismo en el sur de España. |

NO • A ↑ / SI • A / NO • C / SI • E / NO • A ↓

| En Cataluña hay muchas industrias. | La capital de México tiene cinco millones de habitantes. | La Alhambra está en Granada. |

SI • T → / SI • P ↓ / SI • I / NO • O ↓

2 ¿Puede usted corregir las frases incorrectas?

The Moors

In AD 711 the Moors (Arabs from North Africa) crossed into Spain at the request of Rodrigo, a Christian king of the south. At the time, the peninsula consisted of a number of Christian kingdoms, all under the rule of the Visigoths. The Moors met little resistance and penetrated as far north as France on the eastern side, but never quite conquered the Basque kingdom beyond the Cantabrian mountain range. Caught up in their own internal conflicts, the Christian princes of the peninsula only gradually turned their attention to driving out the Moors. In 1049 Rodrigo Díaz de Vivar – El Cid – took Valencia, restricting Moorish rule to the far southern kingdom of Andalusia. In 1492 Granada was conquered by Isabella and Ferdinand, bringing to an end almost 800 years of Moorish influence in Spain.

The Moors left their mark on the Spanish language and on place names in the peninsula, including those of Gibraltar (from the Arabic *gebel tarik*, the rock of Tarik) and the river Guadalquivir (in Arabic *oued el kebir*, the great river).

27 Un agricultor

E 59 **A** Juan Casares habla de sí mismo.

E 59 **B** ¿Qué va a hacer Juan Casares hoy?

C Y usted, ¿qué va a hacer mañana?

Cuente lo que va a hacer mañana. Por ejemplo:

- levantarse – ¿a qué hora?
- ducharse
- peinarse

- desayunar – ¿qué va a tomar?
- banãrse
- salir – ¿adónde?

- afeitarse
- acostarse

E 59 **D** Describa el dibujo.

E Familias de palabras (1)

When you see a new word, try to think what 'family' the word belongs to.
Ejemplo: tardar – tarde, la tarde

1 *Find a noun that goes with each of these verbs.*
Ejemplo: llegar – la llegada

salir	cenar	desayunar
preguntar	comer	llamar
trabajar	almorzar	emigrar
ducharse	vivir	beber

2 *Find another noun that goes with each of these nouns.*

la caja	el farmacéutico	la hora
el libro	el turismo	el agricultor

F La familia

¿Quién es quién? Rellene los textos.

1   Me llamo Sara Guzmán. Tengo once años. Mi _____ se
    llama Esteban. Vicente Guzmán es mi _____. Mis
    _____ se llaman Alfonso y Dolores. Pablo es mi _____.
    Tengo cuatro _____. Se llaman Pilar, Cristina, Jaime y
    Pedro.

2   Soy Vicente Guzmán. Mi _____ se llama Laura. Mi
    _____ Sara tiene once años y Esteban, mi _____, tiene
    trece. Dolores y Alfonso son mis _____. Tengo solamente
    una _____, Mari Carmen. Ella tiene cuatro _____. Mis
    _____ se llaman Pilar, Cristina, Jaime y Pedro.

28 En la peluquería ...

A Tener que + *infinitive*

Pregunte y conteste como en el ejemplo.

A: ¿Por qué ha bajado <u>Juan Casares</u> al centro hoy?
B: Porque tiene que <u>ir al dentista</u>.

1 Juan Casares/ir al dentista
2 los chicos/cortarse el pelo
3 usted/ir al banco
4 tú/visitar a una tía
5 tú y tu amigo/alquilar un coche
6 María/peinarse en la peluquería
7 los señores Martínez/ir al médico

B -ar *verbs: perfect tense*

1 Reorganice los dibujos y cuente lo que Adolfo ha hecho hoy.

Ejemplo: **1** Adolfo ha desayunado a las siete.

> leer el periódico   almorzar en el bar de la playa
> cenar con la familia   desayunar   regresar a casa   salir
> tomar dos tazas de café   hablar por teléfono   ir al cine
> ir a la playa

2 Ahora imagine que usted es Adolfo y cuente lo que ha hecho hoy.

Ejemplo: **1** Hoy he desayunado a las siete.

... y en casa de nuevo

C Cuente lo que ha hecho Juan Casares hoy.

D No ... nada

Pregunte y conteste como en el ejemplo.

A: ¿Qué ha hecho <u>Pepe</u> hoy por la mañana?
B: Ha estudiado.
A: ¿Y por la tarde?
B: Por la tarde no ha hecho nada especial.

1 Pepe   **2** tú   **3** vosotros   **4** el jefe
5 usted   **6** las hijas   **7** ustedes

E ¿Conoce usted a Leopoldo?

1 Complete el texto con el pretérito compuesto del verbo indicado.
Complete the text with the perfect tense of the verbs given.

Leopoldo se levanta siempre a las seis pero hoy (1) _____ (despertarse) media hora más tarde y por supuesto (2) _____ (levantarse) más tarde. En seguida (3) _____ (ducharse) y luego (4) _____ (bajar) a la cocina donde (5) _____ (desayunar) en cinco minutos. La parada de autobuses está a dos minutos de su puerta.
(6) _____ (tomar) el número quince que le (7) _____ (dejar) doce minutos más tarde en el parque, exactamente donde empieza el circuito de footing. El footing le entusiasma a Leopoldo. Hoy (8) _____ (dar) cuatro vueltas en 18 minutos. ¡Un récord personal! Después (9) _____ (ir) otra vez a la parada para volver a casa. (10) _____ (tener) que esperar el autobús cinco minutos.

2 ¿Qué hora es cuando llega a casa?

F ¿Verdadero o falso?

1 Mire el recuadro y decida si las frases son verdaderas o falsas. Corrija las frases falsas.

	Miguel	Luisa	Antonio	Clara y Roberto
viernes				
sábado				
domingo				

1. El viernes, Luisa ha ido al cine.
2. El sábado, Antonio ha trabajado.
3. Clara y Roberto han ido a la playa el domingo.
4. Miguel ha ido al centro el domingo.

2 Imagine que usted es o Clara o Roberto y haga otras frases para su pareja.

Ejemplo: **A:** El sábado hemos ido de compras.
           B: Falso. El sábado habéis …

G Y usted, ¿qué ha hecho el sábado? Y sus amigos, ¿qué han hecho?

Escriba por lo menos cinco frases.

• por la mañana   • por la tarde   • por la noche

29 ¿Qué le pasa?

A El cuerpo humano

Indique las partes del cuerpo humano.
Label the parts of the human body.

la frente — 1 _____

los ojos

la nariz

la boca — la garganta

la espalda

el dedo

6 _____ 7 _____ — 2 _____

5 _____ 3 _____ — 3 _____

— 4 _____

E g74 **B Doler**

1 Lea el ejemplo y complete el texto.

¿Qué le duele, señor?

Me duelen las piernas.

2 Pregunte y conteste. Invente otros ejemplos.

C ¿Qué le pasa? ¿Por qué?

Haga frases como en el ejemplo.

Ejemplo: Le duele <u>el brazo</u> porque <u>ha jugado al tenis esta tarde.</u>

1 el brazo/jugar al tenis esta tarde
2 el estómago/comer demasiado
3 los ojos/leer mucho
4 la cabeza/estudiar toda la noche
5 las piernas/jugar al fútbol esta mañana
6 la espalda/trabajar todo el día en el mercado

E g74 ▶ D Le gusta, Le duele, Le pasa

1   No se puede traducir estas frases literalmente. ¿Cómo se dicen en inglés?

   1 El libro no le gusta.   2 Le duelen los ojos.   3 ¿Qué le pasa?

2   Traduzca estas frases al español.

   1 I've got a headache.   4 He doesn't like coffee.
   2 Her eyes ache.   5 She likes children.
   3 Do your feet hurt?   6 What's wrong with you?

E ¡Se busca! *Wanted!*

1   Lea las tres descripciones y dibuje a las personas.

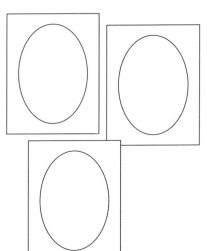

1 Este hombre tiene el pelo largo y negro, los ojos marrones y pequeños y una boca pequeña. Pero la nariz la tiene muy larga.

2 Esta mujer tiene el pelo corto y rizado, los ojos azules y las orejas enormes. Tiene una boca redonda y la nariz pequeña.

3 El chico tiene el pelo castaño corto y sucio. Tiene los ojos verdes grandes y la boca grande pero la nariz larga.

2   Describa a su pareja.

F El primer resfriado

1 Lea el poema. ¿Dónde le duele a la niña? Busque las palabras nuevas en un diccionario.

Me duelen los ojos,
me duele el cabello,
me duele la punta
tonta de los dedos.

Y aquí en la garganta
una hormiga corre
con cien patas largas.
Ay, mi resfriado,
chaquetas, bufandas,
leche calentita
y doce pañuelos
y catorce mantas
y estarse muy quieto
Junto a la ventana.

Me duelen los ojos,
me duele la espalda,
me duele el cabello,
me duele la punta
tonta de los dedos.

Celia Viñas Olivella

2 Aprenda de memoria una estrofa. *Learn a verse by heart.*

G Las palabras se forman así

In Spanish, an **e** *is often put before* **s** *when it is followed by another consonant. Ejemplo:* Spain – España

1 ¿Cómo se dice en español? ¿Cómo se escribe?

station   study   state   student

2 ¿Qué significan estas palabras?

esquiar   especial   estómago

3 Ya comprende usted estas palabras españolas que no ha visto antes.

Estrasburgo	Esteban	estúpido	escuela
estadio	esqueleto	estadísticas	estatua
estéril	estricto	espontáneo	

30 Tiempo libre

E 63 **A** ¿Qué hacen Modesto y Paula en su tiempo libre?

E 63 **B** ¿Qué hace usted en su tiempo libre?

C ¿Quién es?

1 Persona B es o Modesto o Paula. Persona A hace preguntas para adivinar quién es.

Ejemplo: **A:** ¿Que haces el sábado? **B:** Voy al cine con mis amigos.
A: Eres Paula.

2 Pregunte y conteste acerca de ustedes.

Ejemplo: **A:** ¿Te gusta la música?
B: Sí, toco la flauta y juego en una orquesta.

D "¿Qué haces en tu tiempo libre?"

Lea el texto 1 y rellene la ficha de Rosa.

1
Me llamo Rosa Nieto y tengo veinte años.
Soy muy aficionada a la música. Toco el
piano desde hace más de ocho años y ahora
he empezado con la trompeta. Me encanta.
Toco en una orquesta que hay aquí en Toledo
— se llama "Los Toledanos". En mi tiempo
libre no hago otra cosa.

Nombre _____

Apellido _____

Edad _____

Domicilio _____

Aficiones _____

> **2**
>
> Me llamo Carla Sosa y tengo veintiún años. En mi tiempo libre practico casi siempre un deporte. Soy muy aficionada al baloncesto y juego con el equipo de la universidad desde hace un año. A veces, los fines de semana, voy de excursión con un grupo de amigos. Además me gusta mucho leer.

> **3**
>
> Me llamo Ignacio Hierro. Tengo diecinueve años. Escribo a mis amigos de internet en muchos países del mundo. Desde hace seis meses trabajo en una fábrica de coches. Los martes y jueves después del trabajo voy a una academia de lenguas donde aprendo inglés. Tengo que estudiar bastante, pero los fines de semana siempre juego al fútbol con mis amigos del barrio. Los domingos voy al cine si tengo dinero.

E Entrevistas

Lea los textos 2 y 3 e imagine entrevistas con Carla e Ignacio.

Ejemplo: **A:** ¿Qué haces en tu tiempo libre?
B: Juego al baloncesto con el equipo de la universidad.
A: ¿Lo haces desde hace cuánto tiempo?
B: Desde hace un año.

F ¿Qué hacen los otros?

¿Qué hacen los otros tres jóvenes en su tiempo libre? Imagine y escriba unas frases.

G *Adjectives*

Busque lo contrario.
"La persona que más admiro es …"

guapo   simpático   serio   generoso   ambicioso
alegre   valiente   trabajador   atlético   inteligente

"La persona que menos admiro es …"

tímido   bobo   triste   tonto   vago
cobarde   feo   perezoso   antipático   tacaño

H ¿Qué cuenta la señora?

1 Escuche y anote la información.

Nombre_____
Apellido_____
Empleo_____
Familia_____
Tiempo libre/
Estudios_____
Planes_____

2 Haga una entrevista con la señora.

I Yo

Escriba una presentación personal. Mencione su nombre, edad, intereses, etc.

J ¿Le gusta leer?

Elena y María

En Pareja, un pueblo que está al norte de Madrid, viven Elena y María. En Pareja todas las mujeres son muy guapas. Elena y María son, sin duda, un buen partido para cualquiera. A Elena le gusta la cocina y a María, los niños. A Elena le gustan los hombres morenos y a María, los rubios. A Elena le gustan los bailes en la plaza y a María, los paseos por la vega. A Elena le gustan los perros y a María, los gatos. A Elena le gusta el cordero asado y a María, la tortilla francesa. A Elena le gusta el café y a María, no. A Elena le gusta la misa mayor y a María, no. A Elena le gusta leer el periódico y a María, no. María prefiere leer novelas …

Camilo José Cela, «Viaje a la Alcarria»

Sobre gustos no hay nada escrito

A ¿Qué frases expresan algo positivo …?

B ¿Qué opina usted del cuadro?

C *Adjective* + *-ísimo*

Haga frases como en el ejemplo.

Ejemplo: ¡<u>La comida</u> es <u>rica</u>, pero <u>riquísima</u>!

1 la comida/rica
2 el abrigo/feo
3 la película/buena
4 el tiempo/malo

5 el niño/guapo
6 la niña/grande
7 el coche/barato
8 la mochila/cara

D Otro pintor español: **Salvador Dalí**

1 Escuche y complete el texto.

El excéntrico pintor Salvador Dalí (Figueras, Gerona, 1904–1989) es con Picasso y Miró uno de los artistas (1) _____ más famosos del (2) _____. Ha pintado (3) _____ cuadros, ha escrito varios (4) _____ y ha producido (5) _____, «Un perro (6) _____», con el director de (7) _____ Luis Buñuel.

Federico García Lorca, (8) _____ del pintor, (9) _____ un poema titulado «Oda a Salvador Dalí». Dalí (10) _____ en su vida muchos amigos pero (11) _____ muchos enemigos. Los enemigos de Dalí dicen que en realidad ha tenido sólo un amigo: (12) _____.

2 Busque las palabras similares en inglés.

Ejemplo: excéntrico – eccentric

excéntrico	el enemigo
titulado	el director
el pintor	en realidad
una oda	el poema
varios	

E *More adjectives*

1 Busque lo contrario.

grande   nuevo   bueno   bonito

feo   largo   caro   pequeño

divertido   viejo   corto

aburrido   barato   malo

2 Escriba frases usando estos adjetivos.

32 De compras

E g28A **A** Este

1 Escriba la forma correcta de **este** con las palabras indicadas.

	singular	*plural*
masculine	**este** abrigo	**estos** zapatos
feminine	**esta** falda	**estas** camisas

1 casa	**4** libros	**7** coche
2 país	**5** cuadros	**8** señora
3 ciudad	**6** películas	

2 ¿Cómo se dicen en inglés?

1 este año **2** esta semana **3** este domingo

E g10A **B** *Regular comparisons*

1 Pregunte y conteste como en el ejemplo.

A: ¿No tiene <u>un abrigo</u> más <u>barato</u>?
B: No, <u>este es el abrigo</u> más <u>barato</u> que tengo.

1 abrigo/largo **4** calcetines/largos
2 falda/corta **5** zapatillas/pequeñas
3 vestido/grande **6** corbata/divertida

2 Escriba frases con **más ... que**. Imagine otros ejemplos.

Ejemplo: <u>España</u> es más <u>pequeña</u> que <u>Colombia</u>.

1 España/Colombia – pequeña
2 la torre Eiffel/la torre de Blackpool – alta
3 Antonio Gaudí/Santiago Calatrava – famoso
4 Madrid/Cáceres – grande
5 el Atlántico/el Mediterráneo – frío

E 67 **C** Compre ropa.

Unas botas de cuero …

E 68 **D** **Conteste a las preguntas.**

… y un jersey de lana

E 69 **E** **Conteste a las preguntas.**

F **Ropa**

1 ¿Qué va a llevar …

    1 a la fiesta esta noche?
    2 de vacaciones en el verano?
    3 para esquiar en Formigal?

2 ¿Qué lleva hoy? Mencione

   • la ropa   • el color   • el material

G **¿Qué has regalado a quién? ¿Por qué?**

Haga frases como en el ejemplo.

Ejemplo: He regalado <u>una camiseta</u> a <u>mi padre</u> porque es
              demasiado <u>estrecha</u>.

camiseta	madre	corto
jersey	padre	pequeño
zapatillas	amiga	estrecho
vaqueros	hermano	largo

H En la zapatería

Imagine un diálogo en la zapatería.

Persona A: Dependiente/a	Persona B: Cliente/a
Ask what the customer wants.	Ask if there are any white shoes at sale price.
Ask the customer what size.	Say what size you take.
Repeat the size. Show a pair of shoes.	Say you like them. Ask what they cost.
Say they are leather and very good. They're good value: they only cost …	Say that's rather expensive. Ask if they have any cheaper shoes.
Reply that these are the cheapest you have. Ask the customer if he/she wants to try them on.	Say you like them and will take them. Check the price.
Repeat the price and tell the customer to pay at the cash-desk.	

I En los grandes almacenes
In the department store

Invente y practique otras conversaciones en los grandes almacenes.

Galerías Modernas

5ª Planta	Muebles
4ª Planta	Cafetería • Teléfono Artículos de regalo Servicios
3ª Planta	Artículos de deporte Calzados
2ª Planta	Confección señoras – caballeros – niños
1ª Planta	Librería • Papelería Discos • Radio • TV
Planta baja	Hogar Comestibles

Persona A: Cliente/a

You want to buy three or four things. Ask:

- if they have the item
- where it is in the store

Remember to use the phrases you already know when you

- ask for something politely
- thank someone
- respond to a thank-you
- are sorry you haven't got something
- need time to think
- give an opinion.

Persona B: Dependiente/a

Respond to the customer's questions, using the store guide.

E g10A

J ¡Récords!

Complete las frases.

corto
largo
alto
pequeño
grande

1 La ciudad _____ de España es _____.

2 La capital _____ del mundo se llama _____.

3 El pueblo con el nombre _____ está en Francia. Se llama _____.

4 El río _____ de las Américas es _____.

5 La isla _____ de las Islas Baleares es _____.

el Amazonas   La Paz   Formentera   Y   Madrid

E g10B

K *Irregular comparisons*

1 Mire el gráfico y el dibujo. ¿Qué significan?

Una entrevista del instituto Gallup

El próximo año: ¿mejor o peor que este año?

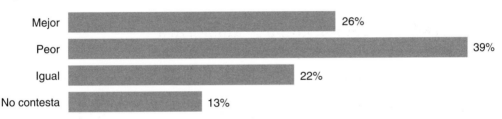

Mejor	26%
Peor	39%
Igual	22%
No contesta	13%

¿Tocas el piano?

Sí, y mi profesora dice que entre sus peores alumnos yo soy el mejor.

2 Traduzca al inglés.

1 malo – peor – el peor   2 bueno – mejor – el mejor

3 Escriba frases como en el ejemplo.

Ejemplo: El Real Madrid es el mejor equipo de fútbol de España.

• equipos de fútbol • grupos musicales • CDs
• estrellas de cine • programas de tele

33 En el número 85

E 71 **A** ¿En qué piso viven las personas?

B Los mejores

¿Cuáles son los diez mejores libros/personajes/programas de tele
(1º, 2º, ...)?
¿O las diez mejores películas/estrellas de cine/revistas (1ª, 2ª, ...)?
Escriba su lista en orden numérico.

1__ prim____: _____

2__ seg_____: _____

3__ _____: _____

4__ _____: _____

5__ _____: _____

6__ _____: _____

7__ _____: _____

8__ _____: _____

9__ _____: _____

10__ _____: _____

C El egoísta

Lea el poema.

Por las calles
sólo él anda,
nadie más.
Nadie sufre,
nadie ama,
nadie vive,
sino él solo.
Pablo Neruda

D Crucigrama

Traduzca al español y rellene el crucigrama.

Verticales
  1 the week ahead

Horizontales
  2 almost
  3 until
  4 moreover
  5 more
  6 up
  7 still
  8 oh, good!
  9 one moment
  10 towards
  11 too
  12 however
  13 perhaps

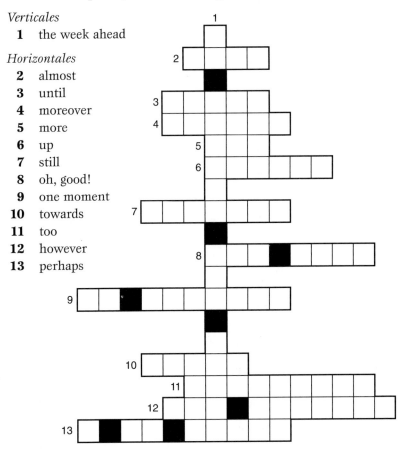

E Los sábados de Soledad

Traduzca al español.

Nearly every Saturday, Soledad goes out with her friends. They never go to the theatre. They nearly always go either to the cinema or to a disco. Sometimes they arrange *(organizar)* a party at home. Today is Saturday. They are going to have a party at Soledad's. She is making sandwiches in the kitchen. No one has arrived yet. At nine o'clock María arrives.

"Hi, María."

"Hi, Soledad. Look, I've got some CDs."

"Great! Ana Mari has phoned. She's coming soon and she's bringing some CDs too."

El piso y los muebles

A Coloque los muebles en el piso.

B Siete errores

Busque los siete errores en el dibujo de la derecha.

Ejemplos: Sólo hay dos …
El/La … está a la derecha/izquierda (de …)

C Entre tú y yo

1 *Person A: Look at Picture 1 on page 80 and tell your partner where to put the objects in the room:* Pon el/la …
Person B: Listen to the instructions and fill in Picture 1 on page 79.

2 *Person B: Look at Picture 2 on page 80 and tell your partner where to put the objects in the room:* Pon el/la …
Person A: Listen to the instructions and fill in Picture 2 on page 79.

Hogar, dulce hogar

D Escuche y conteste a las preguntas.

Picture 1

Picture 2

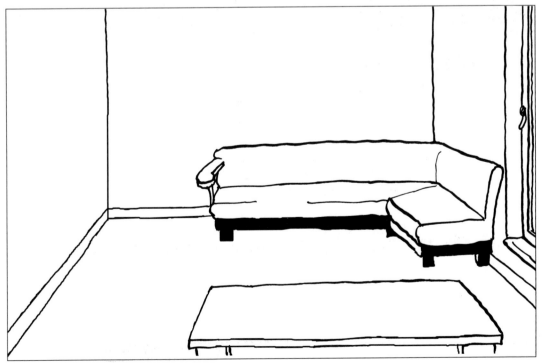

Picture 1

Picture 2

E *Direct object pronouns*

 1 Pregunte y conteste como en el ejemplo.

A: ¿Dónde pones <u>las tazas</u>? *B:* <u>Las</u> pongo en la cocina.

1	las tazas	**4**	el cuadro
2	la mesa	**5**	el armario
3	las sillas	**6**	los platos

2 Pregunte como en el ejemplo.

Ejemplo: ¿Dónde están <u>los platos</u>? No <u>los</u> veo.

1	los platos	**4**	el televisor
2	la mesa de noche	**5**	los cuadros
3	las alfombras	**6**	la lámpara

F *Direct object pronouns + perfect tense*

Pregunte y conteste como en el ejemplo.

A: ¿Dónde están los platos? No los veo.
B: Los he puesto en el armario.

1	los platos	**4**	los tenedores	**5**	los cuchillos
2	las tazas				
3	los vasos				

G Vamos a comer

Traduzca al español.

- ◆ The red chair? Have you put it in the kitchen?
- ○ No, I've put it in the hall.
- ◆ Can you put it in the kitchen? We're going to eat there.
- ○ I'm going out now. I'll be back at six o'clock. I'll bring some food then.
- ◆ What are you saying? I don't understand.
- ○ I'm saying I'll be back at six o'clock and I'll bring some food with me. I'm going to buy it today.

35 ¿Un buen negocio?

A ¿Qué significa?

Traduzca estas expresiones al inglés.

1 hoy mismo
2 en esta misma calle
3 yo mismo
4 hoy en día
5 al día siguiente

E g41 B *Irregular past participles*

Rellene el texto.

La misma noche el jefe le cuenta a su novia:
Esta mañana me han (1) _____ (traer) dos paquetes, muy bien
envueltos, de uno de mis empleados. He (2) _____ (abrir) los
paquetes en seguida. ¿Y qué he (3) _____ (ver)? ¡Un plato en
dos trozos! ¿Qué tomadura de pelo! En la tienda han (4) _____
(poner) los dos trozos en dos paquetes distintos. ¿Y sabes qué ha
(5) _____ (decir) el tipo? ¡Que lo han (6) _____ (romper)
por el camino!

E g28B C Aquel

1 Escriba la forma correcta de **aquel** con las palabras indicadas.

	singular	*plural*
masculine	**aquel** libro	**aquellos** planos
feminine	**aquella** postal	**aquellas** revistas

1 periódico
2 calle
3 sellos
4 agencia
5 chicas
6 tebeos
7 lápices
8 día

El Rastro

El Rastro, the flea market in Madrid, is in Ribera de Curtidores and spills out into the narrow streets around. The nearest underground stations are Tirso de Molina, La Latina, and Embajadores. It is open on Sunday mornings.

 E 77　**D**　Pregunte y conteste.

E　En la tienda

1　Complete las frases con un demostrativo adecuado.
Complete the sentences with a suitable demonstrative adjective.

- ◆ ¿Cuánto cuesta _____ jarra verde que está allí a la derecha?
- ○ 120 euros.
- ◆ ¿Y _____ plato que está al lado?
- ○ 100 euros.
- ◆ ¿No tiene una jarra más barata?
- ○ Sí, _____ jarra blanca que tengo aquí cuesta sólo 60 euros.
- ◆ Pero me gusta – es preciosa.

2　Practique otros diálogos cambiando los objetos y los precios.

vasos nuevos/jarra/vasos antiguos
reloj grande/lámpara/reloj pequeño
pulsera roja/anillo/pulsera azul

E g22　**F**　*Indirect object pronouns*

E g23　**1**　Lea el diálogo y subraye los pronombres.

- ◆ ¿Cuánto me das por este reloj?
- ○ Te doy cincuenta.
- ◆ Y a mi amigo, ¿cuánto le da por su cámara?
- ○ Por la cámara … le doy cien.

2　Traduzca al español.

Isabel is going to marry José Antonio. She gives him a watch and he gives her a bracelet. Some friends send them a television.

36 El norte de España

E 81 **A** Describa una foto …

E g75 **B** *Impersonal use of* se

Rellene el texto con la forma correcta del verbo.

En la Rioja (1) _____ (producirse) algunos de los mejores vinos de España. En el norte (2) _____ (producirse) casi la mitad de la leche que (3) _____ (consumirse) en España. En las huertas (4) _____ (cultivarse) manzanas y hortalizas. La fruta (5) _____ (exportarse) a otros países de Europa y del mundo entero. En el País Vasco (6) _____ (hablarse) el euskera y en Galicia el gallego. ¿Cuántas lenguas (7) _____ (hablarse) en España?

C España

Presente una de las regiones de España.
Lea otra vez las unidades 4 (España), 7 (La capital de España), 14 (El centro de España), 20 (El este de España), 26 (El sur de España) y 36 (El norte de España).

D Escuche la canción.

Desde Santurce a Bilbao
vengo por toda la orilla
con la falda remangada
luciendo la pantorrilla.

Vengo de prisa y corriendo
porque me oprime el corsé
voy por las calles gritando:
¡sardinas frescu es!

Mis sardinitas
qué ricas son,
son de Santurce,
las traigo yo.

La del primero me llama,
la del segundo también,
la del tercero me dice:
¿a cuánto las vende usted?

Y yo le digo que a cuatro.
y ella me dice que a tres.
Cojo la cesta y me marcho,
¡sardinas frescu es!

Mis sardinitas
qué ricas son,
son de Santurce,
las traigo yo.

37 Un joven gallego

E 81 *Por la mañana*

A Octavio Ferreira habla de si mismo.

E g42

B *The preterite tense: regular verbs*

E g43A

Pregunte y conteste como en el ejemplo.

A: ¿A qué hora llegó <u>Pedro</u>?
B: Muy tarde. Llegó a <u>la una y media</u>.

1 Pedro/1:30
2 Ana y Carmen/11:30
3 usted/1:15
4 el señor Martínez/1:10
5 tú y Jesús/2:45
6 tú/3:20

Por la tarde

E 84

C Escuche. ¿Qué compra el señor?

E 84

D Cuente lo que hizo Octavio Ferreira …

E Familias de palabras (2)

1 *Find a noun (or more than one noun) that goes with each of these verbs.*

Ejemplo: estudiar – el estudiante, los estudios

pescar	nevar	emigrar
comprar	lavar	llover
producir	cultivar	ducharse
gustar	exportar	

2 *Find an adjective or adverb that goes with each of these verbs.*

descansar	tardar	cortar
casarse	conocer	

3 *Can you think of another noun that is related to each of these?*

la peluquería   la portería

F ## The preterite tense: regular verbs, hacer, ir

Rellene el texto con la forma correcta del verbo indicado.

Ayer por la noche Soledad Carmena y su marido Juan José
(1) _____ (volver) de un viaje a la capital. (2) _____ (ir)
directamente a casa de los padres de Juan José a buscar a sus hijos.
(3) _____ (llegar) muy tarde a casa. La hija menor
(4) _____ (irse) a la cama en seguida. A los otros Soledad les
(5) _____ (preparar) una tortilla. Luego (6) _____ (tomar)
café juntos en la sala de estar y Soledad le (7) _____ (contar) a
su hijo mayor algo del viaje.

—Papá y yo (8) _____ (ir) a visitar a la tía y los primos.
(9) _____ (cenar) con ellos el jueves. Ayer yo (10) _____
(trabajar) todo el día con la señora Suárez.
—Y tú qué (11) _____ (hacer) entonces? —le (12) _____
(preguntar) el hijo a su padre.
—Yo, pues (13) _____ (quedarse) en casa de los tíos y
(14) _____ (comer) juntos.
—¿No (15) _____ (ir) de compras? ¿No nos
(16) _____ (comprar) nada?
—Claro que sí. A ver si adivinas …

G ## Y usted, ¿qué hizo?

Cuente lo que usted hizo el otro día o la semana pasada. Escriba un
texto o grábelo en casete.

38 Para estar más segura

E 85 **A** El día 22 Beatriz escribió una carta ...

E g31 **B** *Possessive adjectives*

1 Complete las frases con la forma correcta del posesivo adecuado.

1 Almuerzo con _____ familia.

2 ¿Qué haces en _____ tiempo libre?

3 Miguel regala las botas a _____ hermano.

4 Juan volvió a casa y _____ hermana nos preparó una merluza.

5 Laura le regala el jersey a _____ hermana.

6 ¿Qué hace usted en _____ tiempo libre?

7 La familia francesa está en _____ camping.

8 ¡A ver si escribís! Un fuerte abrazo de _____ sobrino.

9 Los señores Domínguez no realizaron _____ viaje a Suiza.

2 Traduzca al español.

Beatriz and her husband bought the tickets at the end of May. On 22nd June their friend came. His farewell present: three pizzas and a bottle of wine. Without saying anything to his wife, Miguel put the oven on. What a disaster!

E g57 **C** *The preterite tense:* **poner,** *Revision of object pronouns*

Pregunte y conteste como en el ejemplo.

A: ¿Dónde puso <u>Beatriz los pasaportes</u>?
B: No sé. Creo que <u>los</u> puso en <u>el horno</u>.

1 Beatriz/los pasaportes/el horno

2 tú/las tarjetas de crédito/la maleta

3 los chicos/los billetes/el cómodo

4 Lola y Carmen/las divisas/el bolso

5 Luis y tú/el dinero/el frigorífico

39 En el mercado

E g37 **A** *The present participle*

Carmen está tomando café. ¿Qué hacen las otras personas?

1 Carmen **2** Ana **3** Pedro **4** Adolfo **5** Paula

6 Luisa y Luis **7** Pablo **8** Raúl **9** ¿Qué tiempo hace?

E 87 **B** Escuche y conteste a las preguntas.

E g97 **C** Las cantidades

1 Practique diálogos como en el ejemplo.

A: Póngame <u>un kilo y medio</u> de <u>gambas</u>, por favor.
B: Muy bien. ¿Desea algo más?

Gambas 3,50€/kilo

Mejillones 2,50€/kilo

Sardinas 1,50€/kilo

Calamares 4€/kilo

1 1 1/2 kilo gambas: 5,25 €
2 1/2 kilo mejillones: 1,25 €
3 1 kilo sardinas: 1,50 €
4 1/4 kilo calamares: 1 €

2 Mire el dibujo de las páginas 86–7 del libro del estudiante y haga otros diálogos.

D *Indefinite pronouns*

Usted está preparando la cena en la cocina con su pareja.
Pregunte y conteste como en el ejemplo.

A: ¿Tenemos <u>algún melón</u>?   *B:* No, no nos queda <u>ninguno</u>.

1 melón   **2** cebolla   **3** limón   **4** botella de Rioja

E **En el mercado**

1   Practique este diálogo en el mercado.

Persona A: Cliente/a	Persona B: Camarero/a
Say good morning. Ask for a kilo of potatoes.	Repeat what the customer wants. Ask if he/she would like anything else.
Say you want half a kilo of grapes.	Say they are very good, they are from Almería. Ask if the customer would prefer a whole kilo.
Agree and ask for a whole kilo. Ask if they have any water melons.	Reply that you have none left, but you have some fine melons.
Ask for a little one.	Ask if the customer wants anything else.
Say no, that's fine. Ask how much you owe.	Say that's 4,50 euros. Say something appropriate as you hand over the goods.
Say something about the price.	Say something that shows you agree.
Say goodbye.	Respond.

2   Imagine otros diálogos. El/La cliente/a compra por lo menos dos cosas.

- onions   • tomatoes   • green peppers   • lettuce
- oranges   • mandarins   • apples   • pears
- prawns   • mussels   • sardines   • squid

E g69-73

F ¿Ser o estar?

Rellene el texto con la forma correcta de **ser** o **estar**.

Trini (1) _____ española. (2) _____ alta y delgada.
(3) _____ cajera. Trabaja en un supermercado. Pero esta
semana no trabaja, (4) _____ enferma. (5) _____ en casa.
(6) _____ muy cansada. Tiene un hermano. (7) _____
taxista. Él (8) _____ casado con una madrileña, Victoria, que
(9) _____ muy simpática. Hoy (10) _____ miércoles.
(11) _____ el diez de mayo. Victoria va a visitar a Trini. La
puerta (12) _____ abierta. Victoria entra. La sala
(13) _____ vacía. Trini (14) _____ en su habitación.
(15) _____ en la cama.

Victoria	Hola, Trini. ¿Cómo (16) _____?
Trini	Hola, Victoria. Hoy (17) _____ un poco mejor. Pero (18) _____ muy aburrido, (19) _____ en la cama todo el día.
Victoria	Sí, pobrecita. Mira, te traigo unas peras. (20) _____ de Almería, (21) _____ muy dulces.

Victoria les prepara un café.

Trini	Oye, mi café (22) _____ muy dulce.
Victoria	Te he puesto azúcar. Si no te gusta …

E g37

G Estar + *present participle*

Mire el dibujo y describa lo que hacen las personas en este momento.

Ejemplo: Dos hombres están hablando.

H Palabras y frases (2)

Busque las palabras o frases equivalentes.
¿Cómo se expresa cuando …?

1 you think something is good
2 you think a suggestion is a good one
3 you want to express surprise
4 you think someone has been friendly
5 you are slightly irritated and protest
6 you want time to think (addressing the person as **tú**)
7 you want to ask a favour
8 you would be delighted to be of use
9 you want to say "have a good time" (using **usted**)
10 you respond to a phrase of that kind
11 you think that …

Por Dios …   Espera.   Igualmente.   ¡Qué bien!

Mujer …   Creo que …   ¿De verdad?

Por favor …   Buena idea.

Muy amable.   Hombre …

Que lo pase bien.   No faltaba más.

I Conversación

Practique la conversación y trate de usar las frases de la actividad H.

Persona A:	***Persona B:***
Oye, Trini cumple 20 años mañana.	Show surprise and ask whether her birthday isn't in August.
No, es mañana, seguro. ¿Le regalamos un libro?	Say that's a good idea. Ask which book.
Pues no sé. ¿Cómo se llama el último libro de Vargas Llosa?	Say you don't know.
¿Algo con "amor", no?	Protest; say that's a novel by García Márquez.
Ay, sí. ¿Algo con "fiesta" entonces?	Ask for time to think about it; then say you think it's called "La fiesta del chivo".
Ah sí, claro.	Ask if A has time to buy the book; explain that you have things to do.
Yo sí, sin problema. Lo compro esta tarde.	Say that's marvellous.

40 Perú: dos lados de la misma cara

E 90 ➤ **A** ¿Qué fotos cree usted que ha traído el profesor?

E g11 ➤ **B** *Formation of adverbs*

1 Lea los ejemplos. ¿Cuál es la regla gramatical?

general – general**mente**   rápido – rápid**amente**
preciso – precis**amente**

2 Busque otros ejemplos en las páginas 22, 53, 63, 69, 71 y 87 del libro del estudiante y tradúzcalos al inglés.

3 Escriba los adjetivos correspondientes.

E g68B ➤ **C** Entrevista

Persona A entrevista a Persona B. Persona B mira el CV y contesta a las preguntas.

Ejemplo: **A:** ¿Terminó sus estudios hace cuántos años?
              B: Los terminé hace … años, en 1998.

1989–95	Educación secundaria, Córdoba (Bachillerato en Humanidades y Ciencias Sociales)
1995–98	Estudios de Ciencias Sociales, Universidad de Córdoba
1999	Vacaciones en Colombia y Ecuador
2000	Trabajo en Lima, Perú, en la empresa de un tío
2001–	Profesor de lengua española en Inglaterra

D Vacaciones

1 ¿Dónde pasó usted sus últimas vacaciones? Escriba una carta de unas 100 palabras. Mencione

- adónde fue
- cómo viajó
- qué tal el viaje
- cuánto tiempo duró
- el alojamiento
- qué hizo
- qué comió
- qué compró

2 Tome unos apuntes breves y haga una presentación oral.
Make a few brief notes and give an oral presentation.

Unit vocabularies

* indicates a word which appears in the information panels, pictures and their captions, or exercises and their instructions.

(*m*) masculine noun   (*sing*) singular form
(*f*) feminine noun   (*pl*) plural form
/ie/, /ue/, /i/ indicates that the verb is stem-changing; see the grammar summary in the Students' Book, sections 35 & 36.
Verbs are followed by the infinitive form, e.g. **está** (*estar*).
Some words (e.g. numbers, elements of active grammar) are followed by references to the grammar summary in the Students' Book.

1 América Latina, Europa

América Latina (also **Latinoamérica**)	Latin America
¿qué?	which?
país (*m*)	country
es (*ser*)	is it
España	Spain
*página (*f*)	page
*cuatro	four
*cinco	five
*el alfabeto	alphabet
*español	Spanish
*escuche (*escuchar*)	listen (to)
*repite (*repetir* /*i*/)	repeat
*actividad (*f*)	activity
*practique (*practicar*)	practise

2 En el aeropuerto

en	in
el	the (*definite article, masc sing*)
el aeropuerto	airport
el avión	aeroplane
para	to
puerta (*f*)	door; *here*: gate
por favor	please
número	number
uno	one
dos	two
tres	three
cuatro	four
cinco	five
seis	six
siete	seven
ocho	eight
nueve	nine
diez	ten
once	eleven
doce	twelve
trece	thirteen
catorce	fourteen
quince	fifteen
dieciséis	sixteen
diecisiete	seventeen
dieciocho	eighteen
diecinueve	nineteen
veinte	twenty
señor (*m*)	gentleman, Mr
bueno (*m*), **buena** (*f*)	good
día (*m*)	day
buenos días (*m*)	good morning
señorita (*f*)	young lady, Miss
señora (*f*)	lady, Mrs
¿cómo?	how?
está (*estar*)	you (*sing, polite*) are
usted	you (*sing, polite*)
¿cómo está usted?	how are you?
muy	very
bien	well
gracias (*f. pl*)	thank you, thanks
y	and
¡hola!	hello! hi!
¿qué tal?	how are you? how are things?
tú	you (*sing, informal*)
pues	well …
regular	so-so, not so bad
el pasaporte	passport
tenga	here you are
se llama (*llamarse*)	your name is
no	no
me llamo (*llamarse*)	I am called, my name is
soy (*ser*)	I am
de	from

Toledo	*a town in Spain*
sí	yes
ah, sí	oh, yes
claro	naturally, of course
*es *(ser)*	is he?
*firma *(f)* del titular	the bearer's signature
*fotografías *(f. pl)*	photographs
*información *(f)*	information
*llegada *(f)*	arrival
*llegadas *(f. pl)*	arriving flights
*salida *(f)*	departure, exit
*salidas *(f. pl)*	departing flights
*lavabos *(m. pl)*	toilets
*apellido *(m)*	surname
*nombre *(m)*	first name
*deletrear	to spell

3 En la aduana

en	in
la	the *(definite article, f. sing)*
la aduana	Customs
¿qué?	what?
hay	is there
el bolso	bag
un *(m)*	a, an, one
un libro	book
una *(f)*	a, an, one
una cámara fotográfica	camera
algo	something, anything
más	more
un momento	one moment, just a minute
también	also
un periódico	newspaper
una revista	magazine
esto	this
perdón	sorry, pardon
un ordenador	a computer
el empleado	official, employee
la maleta	suitcase
negro *(m)*, negra *(f)*	black
una camisa	a shirt
una corbata	a tie
bueno	*here*: well
ropa *(f)*	clothes
blanco *(m)*, blanca *(f)*	white
libros *(m. pl)*	books
botellas *(f. pl)*	bottles
¿cuántas? *(f. pl)*, ¿cuántos? *(m. pl)*	how many?
o	or
tabaco *(m)*	tobacco

cigarrillos *(m. pl)*	cigarettes
paquetes *(m. pl)*	packets
*complete *(completar)*	complete ...!
*escriba *(escribir)*	write ...!
*el diálogo	dialogue
*el aduanero	customs officer
*el cartón	pack, carton
*el libro de actividades	activity book, workbook
*la letra	letter (of alphabet)
*imagine *(imaginar)*	imagine ...!

4 España

Comunidades Autónomas *(f. pl)*	autonomous regions
además	in addition
ciudades *(f. pl)*	cities
está *(estar)*	(it) is *(of a place)*
¿dónde?	where?
el norte	north
Lisboa	Lisbon
no	not
el oeste	west
el este	east
el sur	south
la península Ibérica	the Iberian Peninsula
la península	peninsula
ibérico, ibérica	Iberian
limita con *(limitar)*	(it) borders on
Francia	France
la capital de España	the capital of Spain
la capital	capital
en el centro de	in the middle of
el centro	middle, centre
de	*here*: of
del = de + el	of the
la costa	coast
grande *(m, f)*, grandes *(pl)*	large, big, great
como	as
el País Vasco	the Basque country
la provincia	the province
Cataluña	Catalonia
muchos *(m. pl)*, muchas *(f. pl)*	many
industrias *(f. pl)*	industries
Andalucía	Andalusia
una región	region
agrícola	agricultural
exporta *(exportar)*	(it) exports
coches *(m. pl)*	cars
maquinaria *(f)*	machinery
productos *(m. pl)*	products
vino *(m)*	wine

aceite (m)	olive oil	la oficina	office
naranjas (f. pl)	oranges	adiós	goodbye
mucho	much, a lot of	hasta	until, till
turismo (m)	tourism	mañana	tomorrow
sobre	above	¡hasta mañana!	see you tomorrow!
todo	all, everything		
sobre todo	first and foremost	el/la taxista	taxi-driver
las	the (definite article, f. pl)	taxi (m)	taxi
		una parada	stop
las playas	beaches	autobús (m)	bus
el Mediterráneo	the Mediterranean	¿adónde?	where? (to where?)
las Islas Canarias	the Canary Islands	va (ir)	goes
isla (f)	island	la terminal	air terminal
		amarillo, amarilla	yellow
*falo galego	Galician: I speak Galician	lejos	far, far away
		cerca (de)	near, close
*euskera mintzatzen det	Basque: I speak Basque	allí	there
		enfrente	opposite
*parlo català	Catalan: I speak Catalan	va en autobús	goes by bus
		la Plaza (de) Colón	Columbus Square
*hablo (hablar)	I speak	plaza (f)	square
*castellano (m)	Spanish, Castilian	Colón	Christopher Columbus (1451 –1506), seafarer to whom the discovery of America is ascribed (1492)
la lengua	language		
oficial	official		
el estado	state		
español, española	Spanish		
el Estado español	the Spanish state, Spain		
		cerca de allí	near there
se hablan (hablar)	are spoken	la estación	station
además	in addition	toma (tomar)	(he) takes
el gallego	Galician (the language)	el metro	the underground
		para	in order to
el vascuence	Basque (the language)	ir	to go
		el hotel	hotel
el euskera	Basque (the language)	Cervantes	Miguel de Cervantes, Spanish author (1547–1616); wrote Don Quijote
el catalán	Catalan (the language)		
entre	between		
pequeño, pequeña	small, little		
*conteste a (contestar)	reply to …!, answer …!	*entrada (f)	entrance
		*el autocar	coach
*las preguntas	questions	*la bicicleta	bicycle
*están (estar)	(they) are	*la moto	motor-cycle
*rellene (rellenar)	fill in!	*el tren	train
*el texto	text		

5 Al centro

6 En el centro de la ciudad

a	to
al = a + el	to the
el centro	centre
vas (ir)	you (sing) go; here: are you going to?
voy (ir)	I go; here: I am going to

de	of
la ciudad	city, large town
va a pie	goes on foot
pie (m)	foot
la calle	street
Lope de Vega	Spanish poet and dramatist (1562–1635)
la calle Lope de Vega	Lope de Vega Street
lleva (llevar)	he carries, is carrying

busca *(buscar)*	he is looking for	ferrocarriles *(m. pl)*	railways
una pensión	boarding house, guesthouse	como	as
		todos *(m. pl)*, todas *(f. pl)*	all, every
un restaurante	restaurant	grande	large, big, great
un bar	bar	tráfico *(m)*	traffic
una farmacia	chemist's	la hora punta	the rush hour, peak time
pero	but		
la esquina	street corner	el coche	car
un grupo	group	casi	nearly, almost, hardly
una persona	person		
pregunta *(preguntar)*	(he) asks	avanzan *(avanzar)*	(they) move forward
contesta *(contestar)*	(he) replies, answers		
un chico; una chica	boy; girl	están *(estar)*	(they) are *(of place)*
sé *(saber)*	I know	el ministerio	ministry
pregunte *(preguntar)*	ask …!	principal	foremost, main
		las oficinas del Gobierno Central	central government offices
entra *(entrar)*	(he) goes in, enters		
el farmacéutico	chemist	por eso	therefore
tarde *(f)*	afternoon	la gente	people
buenas tardes	good afternoon	un español	a Spaniard
desea *(desear)*	do you wish/ require/want?	buscan *(buscar)*	they seek, look for
		trabajo *(m)*	work
aquí	here	son *(ser)*	they are
por aquí	around here, hereabouts	el Museo del Prado	the Prado *(world-famous museum of art)*
la calle *(de)* Cervantes	Cervantes Street		
un cliente	customer, client	famoso	famous
hombre *(m)*	man, human being	el Centro de Arte Reina Sofía	the Queen Sofía Centre of Art
no, hombre, no	oh, no! heavens, man!	el Museo Thyssen-Bornemisza	the Thyssen-Bornemisza Museum
el hostal	boarding house, guesthouse		
		el Museo Arqueológico	the Archaeological Museum
que	that, which		
la plaza *(de)* Santa Ana	St Anne's Square	el río	river
el teatro	theatre	pasa por	passes through
la papelería	stationer's	los alrededores	suburbs, outskirts
muchas gracias	thank you very much	un barrio	quarter, district, area
		moderno, moderna	modern
de nada	you're welcome, don't mention it		
		*la distancia	distance
		*millones *(de)*	millions (of), million

7 La capital de España

la capital	capital
más de	more than, over
con	with
un millón	million
habitante *(m)*	inhabitant
la ciudad más grande de España	the largest city in Spain
salen *(salir)*	(they) leave, depart
las	the *(definite article, f. pl)*
principales *(pl)*	principal, main
carreteras *(f. pl)*	roads, highways
los	the *(definite article, m. pl)*

8 Una individual sin baño

la individual	single room
sin	without
el baño	bath, bathroom
el/la recepcionista	receptionist
la habitación	room
lo siento	I'm sorry
sólo	only
las dobles	the double rooms
tienen *(tener /ie/)*	(they) have
la ducha	shower
está bien	*here*: that's fine, all right

para	for	trabaja *(trabajar)*	(she) works
el día	day	la hermana mayor	older sister
la semana	week	la hermana, el hermano	sister, brother
muy bien	very well	el padre	father
a ver	let me see, let's see	están *(estar)*	(they) are at home
hoy	today	no ... todavía	not ... yet
(el) lunes	(on) Monday	llegan *(llegar)*	they arrive, come
(el) martes	(on) Tuesday	tarde	late
hasta	until	más tarde	later
(el) domingo	(on) Sunday	la cajera, el cajero	cashier
entonces	then	el supermercado	supermarket
su	your *(polite)*	otro, otra	another
el nombre	name	porque	because
la llave	key	estar	*here*: to sit
trescientos	three hundred	todo, toda	all
la tarjeta	(swipe) card	la caja	till, cashdesk
necesito *(necesitar)*	I need	aburrido, aburrida	dull, boring
el carné de identidad	identity card	hace *(hacer)*	does he do?
mi	my	el/la contable	accountant
el mes	month	la compañía de seguros	insurance company
mayo	May	preparan *(preparar)*	(they) prepare
hab. = habitación	room	la cena	dinner, evening meal
no. = número	number	cenan *(cenar)*	they eat dinner
miércoles *(m)*	Wednesday	juntos, juntas	together
jueves *(m)*	Thursday	el comedor	dining room
viernes *(m)*	Friday	la sopa de pescado	fish soup
sábado *(m)*	Saturday	la carne	meat
101–999	*see grammar 14*	las patatas fritas	(potato) chips
Sres. = señores	Mr and Mrs	la patata	potato
Sr. = señor	Mr	mientras	while
Sra. = señora	Mrs	ven *(ver)*	they see, *here*: watch
		la televisión	television
*el registro	register	el televisor	television set
*la reserva	reservation	el rincón	corner
*reserve *(reservar)*	reserve ...!	del = de + el	of the *(m. sing)*

9 En casa de los Gómez

en casa (de)	at home (with)	largo, larga	long
la casa	house, home	estrecho, estrecha	narrow
los Gómez *(grammar 5B)*	the Gómez family	la mesa	table
cuando	when	la silla	chair
termina *(terminar)*	she finishes	alrededor	around (it)
su	her	la estantería	bookcase, set of
el trabajo	work		shelves
antes de	before	la ventana	window
antes de ir	before going	el reloj	clock
a casa	home	unos, unas	some
pasa por *(pasar)*	she goes into, 'pops into'	la foto(grafía)	photo(graph)
		la familia	family
el quiosco	kiosk		
compra *(comprar)*	(she) buys	*describa *(describir)*	describe ...!
la tarde	afternoon, evening	*sabe *(saber)*	you know
la madre	mother		
la cocina	kitchen		
ella	she		

10 Después de cenar ...

después de	after
cenar	to have dinner
después de cenar	after they have eaten dinner
miran *(mirar)*	they look at
el anuncio	advertisement
nuevo, nueva	new
para	for
necesitamos *(necesitar)*	we need
la joven, el joven	young woman, young man
"Necesitamos una joven"	'young woman wanted'
pagan *(pagar)*	they pay
mal	badly
si	if, to be sure
ahora	now
el super = el supermercado	supermarket
ya	already
gano *(ganar)*	I earn
eso sí	of course
trabajas *(trabajar)*	you (sing) work
más	more
la hora	hour
la chica	girl
de buena presencia	*here*: with a smart and attractive appearance
¡uf!	ugh!
¡qué machistas!	what male chauvinists!
la oferta	offer
interesante	interesting
¿por qué?	why?
miráis *(mirar)*	you *(pl)* look
Segunda Mano	Spanish classified paper

Ofertas de empleo

"ofertas de empleo"	'situations vacant'
la oferta	offer
el empleo	job, post, position
camareros/as *(m./f. pl)*	waiters/waitresses
de 20–35 años	20–35 years old
el año	year
urgentemente	urgently
el café	café
el Barrio Salamanca	Salamanca district, quarter
el contrato	contract
fijo, fija	fixed
mil	(a) thousand
el euro	euro

al mes	a month, per month
el mes	month
los interesados	applicants, those interested
llamar	to ring, call, phone; *here*: ring ...!
de 10 a 12 de la mañana	between 10 and 12 in the morning
la mañana	morning
tel.: el teléfono	telephone
cero	zero, nought
el informático	IT professional
el conocimiento	knowledge
la programación	programming
el diseño gráfico	graphic design
la empresa	firm, business
internacional	international
el horario de trabajo	working hours
de 9.30 a 14 h	from 9.30 a.m. to 2 p.m.
enviar	to send, *here*: send ...!
las pretensiones económicas	expected salary
el CV (curriculum)	CV, curriculum vitae
por e-mail	by e-mail
profesores *(m. pl)*	teachers
el profesor, la profesora	teacher
la educación secundaria	secondary education
la matemáticas	mathematics
la lengua	language(s)
la ciencias naturales	natural sciences
la física	physics
la química	chemistry
la filosofía	philosophy
precisa *(precisar)*	requires
el colegio	(secondary) school
imprescindible	essential
la experiencia	experience
el apartado	postbox (+ number)
la secretaria-recepcionista	secretary/receptionist
laboral	work *(adjective)*, commercial
básico, básica	basic
el inglés	English (language)
el hospital	hospital
las condiciones económicas *(f. pl)*	salary, earnings
días laborables	weekdays, workdays
preguntar por	to ask for; *here*: ask for ...!
*el formulario	form

11 ... van al cine

van *(ir)*	they go
el cine	cinema
ir al cine	to go to the cinema
¿qué hora es?	what's the time?
medio, media	half
son las nueve y media	it's half past nine
¿vamos?	shall we go? are we going?
vamos *(ir)*	we go, we're going
Merche	*nickname for Mercedes*
vais *(ir)*	are you *(pl)* going?
la tele	television
dan *(dar)*	they give
Pero si en la tele dan ...	But on television they're showing ...
la película (*also* **el film, el filme**)	film
¿quién?	who?
mujer	*here*: but, my dear
la mujer	woman
famoso, famosa	famous
el actor	actor
americano, americana	American
la mamá	mother, mummy
***el recuadro**	grid
***primero, primera**	first
***último, última**	last
***la sesión**	showing, session
***la película romántica**	romantic film
***la película de ciencia ficción**	science fiction film
***la película de terror**	horror film
***la película policíaca**	detective film
***la comedia**	comedy
***la película de acción**	action film
***espectacular**	spectacular
***fenomenal**	phenomenal, fantastic
***genial**	brilliant
***aburrido, aburrida**	boring
***sofisticado, sofisticada**	sophisticated
***horrible**	horrible
***sensacional**	sensational
***nulo, nula**	dreadful
***interesante**	interesting
***importante**	important
***divertido, divertida**	amusing
***gracioso, graciosa**	funny
***regular**	so-so, all right
***fatal**	awful
***violento, violenta**	violent
***emocionante**	exciting

***el deporte**	sport
***los culebrones**	serials, soap operas
***los dibujos animados**	cartoons, animated films
***las noticias**	news
***los documentales**	documentaries

12 En el Paseo del Prado

El País	*an important daily newspaper*
el paseo	avenue, broad street
son *(ser)*	*here*: costs, that'll be ...
¿no?	doesn't it? won't it? *etc.*
el vendedor	salesman, vendor
eso es	that's it, that's right
tiene *(tener)*	you *(polite)* have
el cambio	change *(money)*
tengo *(tener)*	I have
un billete de cincuenta	a fifty(-euro) note
la revista	magazine
deme (imperative of *dar*)	give me! *(using usted)*
¡Hola!	*a popular magazine*
no quedan *(quedar)*	there are none left
Lecturas	*a popular magazine*
Cambio 16	*a news magazine*
pues	oh, well
¿cuánto?	how much?
¿cuánto es?	how much is that?
los céntimos	cents
en total	altogether, in sum
mire *(mirar)*	look! *here*: look here!
***compre** *(comprar)*	buy ...!
¿cuántos años tenéis? *(grammar 68)*	how old are you? *(pl)*
tenéis *(tener)*	have you *(pl)*?
yo	I
él	he
tienes *(tener)*	have you *(sing)*?
a ver si ...	let's see if ...
adivinas *(adivinar)*	you (can) guess *(sing)*
menos	less, fewer
***nosotros, nosotras**	we
***vosotros, vosotras**	you (several people whom you address as *tú*)
***ellos, ellas**	they
***ustedes**	you (several people whom you address as *usted*)
***la entrevista**	interview

13 Los meses del año

el mes	month
enero	January
febrero	February
marzo	March
abril	April
mayo	May
junio	June
julio	July
agosto	August
septiembre	September
octubre	October
noviembre	November
diciembre	December
*San(to), Santa	Saint
*la fiesta	festival, celebration
¿cuándo?	when?
el santo	saint
el día de mi santo	my name-day/ saint's day
antes	earlier, before
vaya	well I never!
¡felicidades!	congratulations!
la felicidad	happiness
oye (imperative of oír)	listen! hey you!
la fecha	date
el cumpleaños	birthday
pasado mañana	the day after tomorrow
primer, primero (m) (grammar 17)	first
el día de clase	school day, day in class

El primer día de clase

el profesor, la profesora	teacher
presente	present
ser	to be
sois (ser)	you (pl) are
los hermanos	brother(s) and sister(s)
el hermano	brother
somos (ser)	we are
el primo, la prima	cousin
enfermo, enferma	sick, ill
eres (ser)	you (sing) are
el italiano, la italiana	Italian, person from Italy
el catalán, la catalana	Catalan, person from Catalonia
*el día de los Reyes	Epiphany
*la Hispanidad	Columbus Day
*las Fallas de Valencia	Valencian festival on Saint Joseph's Day
*los Santos Inocentes	Holy Innocents
*el día del trabajo	Labour Day
*el sistema escolar	school system
*la ESO (Educación Secundaria Obligatoria)	compulsory secondary schooling
*el Bachillerato	baccalaureate (school-leaving qualification at 18)
*el horario	timetable
*la asignatura	(school) subject
*el lenguaje	(Spanish) language
*la educación física	physical education, P.E.
*la tecnología	technology
*la música	music
*la tutoría	study session
*las ciencias sociales	social sciences
*el francés	French
*la religión	religion, religious education
*la plástica	craft and design
*el recreo	break, recreation
*la comida	meal, here: lunch

14 El centro de España

la península	peninsula
la llanura	plain
la Meseta	the Meseta, plateau covering the whole of central Spain
ocupar	to take up, fill, occupy
el 40% (por ciento)	40% (per cent)
el territorio	territory
la altitud	altitude, height above sea-level
medio, -a	here: average
los metros	metres
el sureste	south-east
la Mancha	plain in central Spain
la tierra	land, earth
seco, seca	dry
pocos, pocas	few
el árbol	tree
extenso, extensa	widespread, extensive
el cultivo	cultivation, crop
el trigo	wheat
los viñedos	vineyards
*molinos de viento	windmills
*el molino	mill
*la estación de esquí	ski resort
*los Pirineos	the Pyrenees

*el castillo	castle	es de don Julián	it belongs to don J; it is don J's
*la historia	history	el dueño, la dueña	owner
*celtíbero, celtíbera	Celtic and Iberian	uno (grammar 1C)	one
*romano, romana	Roman	otro, otra (grammar 4)	another
*visigodo, visigoda	Visigothic	pequeño, pequeña	small, little
*árabe	Arab	¡vaya coche!	what a car!
*el hotel-parador	state-run hotel	¿de quién?	whose?
*el acueducto	aqueduct	el director del banco	bank manager
*la longitud	length	el director	director, manager
*gran, grande (grammar 9D)	great		
*la obra	work (of art)	*el dibujo	drawing, picture
*la ingeniería	engineering	*el policía	policeman
*los espectadores	spectators		
*antiguo, antigua	ancient		
*la provincia	province		
*Lusitania	former Roman province of Portugal		

En Correos

el sello	stamp
menos	minus, less
el cuarto	quarter
las tres menos cuarto	a quarter to three
*la carta	letter
*la postal	postcard

*los peregrinos — pilgrims
*castellano, castellana — Castilian, of Castile
*el Museo de Arte Abstracto — Museum of Abstract Art
*las Casas Colgadas — the Hanging Houses
*la sinagoga — synagogue

15 Salamanca

a orillas de	on the banks of
la orilla	bank, shore (of river, lake, sea)
detrás (de)	behind
la catedral	cathedral
viejo, vieja	old
el siglo	century
el siglo XII (doce)	1100s, twelfth century
el siglo XVI (dieciséis)	1500s, sixteenth century
la oficina de correos	post office
el correo	post, mail
el buzón	post-box, letter-box
delante (de)	in front (of)
a la derecha (de)	to the right (of), on the right (of)
Correos = la oficina de correos	post office
la librería	bookshop
a la izquierda (de)	to the left (of), on the left (of)
la agencia de viajes	travel bureau, agency
el viaje	journey
el banco	bank
la bicicleta	bicycle
don (grammar 2A)	Mr, used before male first names

16 Librería papelería

alto, alta	tall
delgado, delgada	slim
siempre	always
las gafas	glasses, spectacles
grueso, gruesa	thick
el local	premises
enorme	enormous, huge, vast
el diccionario	dictionary
la carpeta	folder
el lápiz	pencil
el rotulador	felt-tip pen
la postal	postcard
el sobre	envelope
la calculadora	calculator
el alumno	pupil
el instituto	State secondary school
el plano	plan, town map
la clase	lesson, class
la geografía	geography
¿cuánto vale?	what does it cost?
el que	the one that, which
caro, cara	expensive, dear
otros, otras	others
al lado (de)	beside, at the side (of)
el lado	side
la escalera	stairs, staircase
cuesta (costar)	(it) costs
¡estupendo!	excellent! great!
estupendo, estupenda	excellent, marvellous
el bolígrafo	ballpoint (pen)

debajo (de)	under, beneath, below
barato, barata	cheap, inexpensive
bastante	quite, rather
el color	colour
azul	blue
rojo, roja	red
nada	nothing
está bien	that's fine, that'll do
toma (imperative of tomar)	here you are (using tú)
*la universidad	university
*el mundo	world
*la literatura	literature
*el escritor	writer, author
*la novela	novel
*el poema	poem
*el amor	love
*la canción	song
*desesperado, -a	despairing
*la soledad	solitude
*las bodas	wedding
*la sangre	blood
*la rayuela	hopscotch
*el perro	dog
*el título	title
*la poesía	poetry
*¿cuáles?	which?
*más habladas	most spoken
*la colonia	colony
*la ONU (Organización de las Naciones Unidas)	United Nations Organization

17 Desayuno en la cafetería

el desayuno	breakfast
la cafetería	bar, cafeteria
el hombre	man
el precio	price
la lista de precios	price-list
encima (de)	above, over
la barra	bar counter
tomar	to have, eat, drink
el café	coffee
me gusta	I like
gustar	to please, appeal to
mejor	better, here: preferably
el té	tea
las tostadas	toast
*la bebida	drink
*el café solo	black coffee
*la leche	milk
*el café cortado	coffee with a little milk

descafeinado	caffeine-free
*el limón	lemon
*el chocolate	chocolate
*el zumo	juice
*la cerveza	beer
*el agua mineral	mineral water
*la copa de vino	glass of wine
el bocadillo	sandwich
*el jamón	ham
*el chorizo	hard, red spicy sausage
el queso	cheese
*el salchichón	salami-type sausage
*el churro	sweet fritter
*la magdalena	small, sweet bun
*la ensaimada	round, croissant-like pastry
el médico, la médica	doctor
el hospital	hospital
por la mañana	in the morning
la mañana	morning
el amigo, la amiga	friend
los dos	both, the two of them
además	in addition
por la tarde	in the afternoon
hacen un Máster	they are studying for a Master's degree
manchego, -a	from La Mancha
¡eh!	do you hear? OK?
claro que sí	yes, of course
en seguida	at once, immediately
el fuego	fire; here: light
chico	dear boy!
fumar	to smoke
tener que	to have to
pensar /ie/	to think
tu	your
la salud	health
*desayunar	to have breakfast
*mejor	best
*el yogur	yoghurt
*el pan	bread
*la mantequilla	butter
*el huevo	egg
*los cereales	cereal(s)
*la mermelada	jam

18 Un día completo

completo, -a	full, complete
pronto	soon
empezar /ie/	to begin
mismo, -a	same

es que	it's because, it's like this …
distinto, -a	different, distinct
el curso	course
Finanzas	Finance
Economía	Economics
el horario	working hours, timetable
¿verdad?	don't you? isn't that true?
la verdad	truth
¡qué va!	nonsense! rubbish!
cerrar /ie/	to close, shut
el público	the (general) public
a las dos	at two o'clock
terminar	to stop, end, cease
no … hasta	not until
la vida	life
¡caramba!	heavens! gracious!
irme (irse)	to leave, go (away)
¡hasta pronto!	see you soon!
¿a qué hora?	at what time?
*sí mismo	him/herself
*dice (decir /i/)	he/she says
*las comidas	meals
*el almuerzo	lunch
*la terraza	terrace, balcony
*pasar la aspiradora	to do the vacuuming
*pasear el perro	to walk the dog
*planchar las camisas	to iron the shirts
*tengo que … (tener)	I have to, I must

19 Una cita

la cita	engagement, date
la profesión	profession, occupation
marcar	to dial (a telephone number)
llamar	to ring, call, telephone
sonar /ue/	to ring, sound
la hija	daughter
el hijo	son
¡dígame! (imperative of decir)	hello! (on telephone)
soy papá	it's Dad, Father
estás (estar)	you are
estoy	I am
claro que	of course …
es la una y pico	it's gone one o'clock
almorzar /ue/	to have lunch
guapo, -a	good-looking, beautiful
¡guapa!	sweetheart! poppet!

¿está mamá?	is mummy at home?
Londres	London
a eso de las dos	at about two o'clock
las Ramblas	broad pedestrian avenue in central Barcelona
esquina	here: on the corner of
Pelayo = la calle (de) Pelayo	
la mujer	woman, wife
el tiempo	time
ellos, ellas	them
dice (decir /i/)	(she) says
decir que sí	to say yes
primero	first
la comida	food, meal, also lunch
el niño, la niña	child

20 El este de España

las Islas Baleares	the Balearic Islands
unos, unas	approximately, about
aunque	although
el País Valenciano	the Valencia region
valenciano, -a	Valencian, from Valencia
excelente	excellent
la parte	part
la población	population
el campo	countryside
en el campo	here: in agriculture
llueve (llover /ue/)	it rains
poco	a little, not much
gracias a	thanks to
el sistema	system
el riego	irrigation
la producción	production
importante	considerable, important
la huerta	'huerta', irrigated, intensively-cultivated area
se cultivan (pl), se cultiva (sing)	are grown, is grown/cultivated
cultivar	to grow, cultivate
la mandarina	mandarin (orange)
la fruta	fruit
se exporta (sing), se exportan (pl)	is exported, are exported
exportar	to export
el productor, -a	producing, producer
los cítricos	citrus fruits
tercer(o), -a	third
el mundo	the world
produce (producir)	(it) produces

el arroz	rice
la cebolla	onion
el tomate	tomato
el pimiento	green pepper
el mar	sea
el marisco	shellfish
la gamba	prawn
el calamar	squid
el mejillón	mussel
estos, estas	these
el ingrediente	ingredient
la paella	paella (chicken, rice and seafood)
*el campo	field, orchard
*el naranjo	orange tree
*la Ciudad de las Artes y la Ciencia	City of Arts and Science
*el arquitecto	architect
*el palmeral	palm grove
*plantado, -a	planted
*los dátiles	dates
*mayor	largest
*el bosque	wood, forest
*la palmera	palm tree

página 42

más de	more than
la mitad	half
los servicios	services, service occupations
industrializado, -a	industrialized
sin embargo	however
proceden (de) (*proceder*)	they come (from)
dinámico, -a	dynamic
histórico, -a	historic
el Barrio Gótico	the Gothic Quarter (*historic centre of Barcelona*)
el edificio	building
la Edad Media	the Middle Ages
el clima	climate
agradable	pleasant, agreeable
el archipiélago	archipelago
turístico, -a	tourist
e (*grammar 89E*)	and
no muy	not very
lejos de	far from
la zona	area, zone
frecuentado, -a	visited, frequented
bonito, -a	beautiful, lovely, pretty
desconocido, -a	unknown
*sagrado, -a	sacred, holy
*el corazón	heart

*popular	popular
*la calle más popular	the most popular street
*desde ... hasta	from ... to
*Plaza de Cataluña (*en catalán*: **Plaça de Catalunya**)	*large, open square in the centre of Barcelona*
*el puerto	harbour, port
*venden (*vender*)	they sell, are sold
*la flor	flower
*incluso	as well as, including
*el pájaro	bird
*el animal	animal
*mencione (*mencionar*)	mention ...!

21 De paso por Elche

de paso por	visiting, passing through
el guía	guide
este, esta	this
la escultura	sculpture
la Dama de Elche	the Lady of Elche
la obra	work (of art)
importante	important, significant
la cultura	culture
ibérico, -a	Iberian
precioso, -a	beautiful, exquisite
la copia	copy
el original	original
el museo	museum
arquelógico, -a	archaeological
la abuela	grandmother
el abuelo	grandfather
tener sed	to be thirsty
la sed	thirst
comer	to eat
podemos (*poder /ue/*)	we can, are able to
descansar	to rest
el rato	moment, a while
quieren (*querer /ie/*)	you want
beber	to drink
saber	to know
vender	to sell
el helado	ice-cream
creo que sí	I think so
creer	to think, believe
mí	me
la vainilla	vanilla
¿no quiere nada más?	don't you want anything else?
no ... nada	nothing
así	like this
oiga (imperative of *oír*)	hello there! (listen!)

diga (imperative of *decir*)	what would you like? (say!)	**el móvil**	mobile phone
la cerveza	beer	**no funciona**	it doesn't work, isn't working
algo de comer	something to eat	**llamar (por teléfono)**	to ring, call, telephone
el salchichón	sausage		
tener hambre	to be hungry	**reservar**	to reserve
el hambre (*f*)	hunger	**la cabina**	telephone kiosk
que	for	**la carretera**	main road
señores	'Sir and madam' (*often not translated*)		

Guía de hoteles

la abuelita	grandma	***la categoría**	category, type
enviar	to send	***el establecimiento**	establishment, *here*: hotel
el dinero	money		
todavía	still	***HR = hotel residencia**	guesthouse, B & B
los tres euros de la semana	the three euros I got as pocket money	***el sitio**	place, situation
		***céntrico, -a**	central
de aquí	from here	***pintoresco, -a**	picturesque
el castellano, la castellana	Castilian, person from Castile	***el garaje**	garage
		***el parking**	car park, parking
trabajo de guía	I work as a guide	***la calefacción**	(central) heating
durante	during	***el aire**	air
las vacaciones	holidays, vacation	***el aire acondicionado**	air-conditioning
el estudiante	student	***la piscina climatizada**	heated swimming pool
la medicina	medicine		
la universidad	university	***admite** (*admitir*)	allows, admits
la Universidad Autónoma	*one of Madrid's three principal universities*	***el perro**	dog
		***oscilar**	to vary
autónomo, -a	independent, autonomous		

Instrucciones

***la instrucción**	instruction
***descuelgue** (*descolgar*)	take off …! pick up …!

22 Una llamada telefónica

la llamada telefónica	phone call	***el auricular**	telephone receiver
la matrícula	registration, licence plate	***espere** (*esperar*)	wait …!
		***la señal**	tone, signal
alemán, alemana	German	***introduzca** (*introducir*)	put in …! insert …!
aparcar	to park	***la moneda**	coin
la gasolinera	petrol station	***la ranura**	slot
las afueras	outskirts	***superior**	upper
el conductor	driver	***marque** (*marcar*)	dial …!
sacar	to take out		
la guía	guide (book)	*Llamadas internacionales*	
su	his	***internacional**	international
leer	to read	***el indicativo de(l) país**	country code
la atención	attention	***sin**	without
al fin	in the end, finally	***el indicativo de población**	area code
el fin	end		
subrayar	to underline	***la población**	city or town
la dirección	address	***seguidamente**	immediately, without a break
la mano	hand		
el empleado, la empleada	employee	***el abonado**	subscriber
el castellano	Spanish/Castilian (the language)	***Alemania**	Germany
		***Austria**	Austria
perfecto, -a	perfect	***Dinamarca**	Denmark
		***Finlandia**	Finland

*Francia	France	el novio	fiancé
*Holanda	Holland, The Netherlands	él no	not he
		entender /ie/	to understand
*Noruega	Norway		
*el Reino Unido	United Kingdom, U.K.	francés, francesa	French
		el francés, la francesa	Frenchman, Frenchwoman
*Suecia	Sweden		
*(los) Estados Unidos	United States	la barca	boat
*México (sometimes spelt Méjico)	Mexico	nuestro, -a	our
		el camping	campsite
		¿de verdad?	really?
		vivir	to live
		desde hace (grammar 40)	for … years

23 El tiempo

el tiempo	weather	subir	to go up, walk up
el sol	sun	la piscina	swimming-pool
hace sol	it is sunny	bueno	here: O.K.
el calor	heat		
hace calor	it is hot	escribir	to write
hace buen tiempo	the weather is fine, it's fine weather	los Pascual	the Pascuals
		es verdad	it's true, that's true
está nublado	it's cloudy, it's overcast	mira (mirar)	look! look at this! (using tú)
llueve (llover /ue/)	it's raining	la tía	aunt
el viento	wind		
hace viento	it's windy	*el chiringuito	bar/restaurant on beach
hace mal tiempo	the weather is bad, it's bad weather	*tener sed	to be thirsty
		*el sabor	flavour
malo, mal (m) (grammar 9C)	bad	*austriaco, -a	Austrian
		*danés, danesa	Danish
nieva (nevar /ie/)	it's snowing	*finlandés, finlandesa	Finnish
hace frío	the weather's cold; it's cold	*griego, -a	Greek
		*holandés, holandesa	Dutch
el frío	cold	*inglés, inglesa	English
		*irlandés, irlandesa	Irish
		*noruego, -a	Norwegian
… y las estaciones del año		*polaco, -a	Polish
la estación (del año)	the time of year, season	*portugués, portuguesa	Portuguese
		*sueco, -a	Swedish
la primavera	spring		
el verano	summer		
el otoño	autumn		

25 Dos postales …

el invierno	winter	Sr D. = Señor Don	Mr (in front of first and surnames on letters)
*la amapola	poppy		
*la uva	grape		
*maduro, -a	ripe		
*suave	mild, gentle	Espanha	Portuguese spelling of España (Spain)
*el Cono Sur	the Southern Cone (of South America)		
		querido, -a	beloved; here: dear
*las montañas	mountains	ya	now, already
		vamos a estar	we shall be
		alquilar	to rent, hire

24 En la playa

la playa	beach	luego	after, since, later
hablar	to speak	vamos a ir	we shall go
el español	Spanish (the language)	mañana por la mañana	tomorrow morning
		regresar	to return
un poco	a little	el saludo	greeting
Estocolmo	Stockholm	saludos	kind regards
		Srta = Señorita	

Mª Ángeles = María de los Ángeles	
c/ = calle	
¡al fin!	at last!
bonito, -a	pretty; *here*: fine
el cielo	sky
¡qué cielo tan azul! *(grammar 10C)*	what a blue sky!
tan	so
el Mediterráneo	Mediterranean
no … nunca	never
quedarse	to stay
me	me
voy a quedarme	I'll be staying
quince días	a fortnight
recuerdos a	very best wishes to
el beso	kiss
el abrazo	hug

… y una carta de México

México D.F. **(= Distrito Federal)**	Mexico City
el tío	uncle
queridos tíos *(grammar 5C)*	dear aunt and uncle
realmente	really, truly
impresionante	impressive
¡cuánta gente!	so many people!
¡qué tráfico!	what traffic!
unos, unas	about, approximately
imaginarse	to imagine
que	that
medio año	six months
la industria	industry
el petróleo	petroleum, oil
gracias a	thanks to
la beca	scholarship, grant
el gobierno	government
mexicano, -a	Mexican
aprender	to learn
mucho	a lot, a great deal
dentro de poco	shortly, soon
la visita	visit
la visita de estudios	study trip, educational visit
la plataforma	(oil) platform
el golfo	gulf, bay
el fin de semana	weekend
la excursión	excursion, trip
este domingo	on Sunday
donde	where
encontrarse /ue/	to be situated, found
la pirámide	pyramid
la luna	the moon
más adelante	further on, later on
adelante	forward

llamarse	to be called
la broma	joke
el muncipio	town, township
por lo demás	for the rest, otherwise
llevar	to carry, *here*: live, spend (time)
levantarse	to get up
temprano	early
acostarse /ue/	to go to bed
¿qué tal?	how?
la Navidad	Christmas
fuerte	strong, powerful, *here*: big
vuestro, -a	your
el sobrino	nephew
la sobrina	niece
a ver si escribís	*appr.* hope you'll write soon
Avda. = avenida	avenue
Felipe II (segundo)	Philip the Second, *Spanish king (1527–1598)*
*el grito	cry
*la independencia	independence
*los Juegos Olímpicos	the Olympic Games
*comienza (*comenzar*)	begins, commences
*la Guerra Civil	the Civil War
*el Tratado de Utrecht	the Treaty of Utrecht
*regalar	to give, cede
*la batalla	battle
*muere (*morir* /ue/)	dies
*nace (*nacer*)	is born
*la disco	disco(theque)
*bañarse	to go swimming
*una barbaridad	an awful lot, a tremendous amount

26 El sur de España

entre otras cosas	among other things
entre	among, between
el algodón	cotton
la aceituna	olive
repartido, -a	distributed, divided up
está mal repartida	it is unevenly distributed
la finca	estate, holding, land
utilizar	to use, make use of
el tractor	tractor
la sembradora	sowing-machine, seed-drill

como	as, since, because		
algunos, -as	some		
el andaluz, la andaluza	Andalusian, man/woman from Andalusia		

27 Un agricultor

el agricultor	farmer
encontrar /ue/	to find
emigrar	to emigrate
el extranjero	abroad
el gobierno	the government
intentar	to attempt, try
atraer	to attract
el visitante	visitor
crear	to create
permanente	permanent
solucionar	to solve, find a solution to
el paro	unemployment
la escasez	shortage, lack
el agua (f) potable	drinking water
el problema	problem
grave	serious, grave
además de	besides, in addition to
tradicional	traditional
el residente	resident
extranjero, -a	foreign
generalmente	generally, usually
los jubilados	retired people
árido, -a	arid, dry
el interior	interior
fértil	fertile
el valle	valley
*el ingeniero	engineer
*eléctrico	electrical
*el submarino	submarine
*aeronáutico	aeronautical
*inventar	to invent
*el autogiro	autogiro
*la influencia	influence
*la Alhambra	'red palace' (*Moorish palace in Granada*)
*al fondo	in the background, at the back
*la Sierra Nevada	*range of mountains in southern Spain*
*la mezquita	mosque
*la alcazaba	(Moorish) fortress
*el puente	bridge
*llevar	to take
*el olivar	olive grove
*el embalse	dam
*nacer	*here*: to rise (of river)
*el Parque nacional	National Park
*las marismas	swamps, marshes

27 Un agricultor

el agricultor	farmer
el soltero	bachelor
el pueblecito	little village
el pueblo	village
la provincia	province
la finca	farm
el árbol frutal	fruit tree
el cerdo	pig
la gallina	hen
la vaca	cow
todos los días	every day
dar	to give
da (*dar*) de comer a	to feed
el animal	animal
ordeñar	to milk
el camión	lorry, truck
la cooperativa	co-operative (society)
transportar	to transport
a las cinco de la mañana	at five o'clock in the morning
ocuparse de	to look after, take care of
ducharse	to take a shower
pero hijo	but, my dear boy!
afeitarse	to shave
bajar	to go down
la peluquería	barber's, hairdresser's
en la peluquería	at the hairdresser's
acordarse /ue/	to remember
el dentista	dentist
llevar	to take, carry
la cesta	basket
la mochila	rucksack
la idea	idea
un par de	a pair of, a couple of
el recado	errand
hacer un par de recados	to do a couple of errands
la pila	battery
la radio	radio
la bombilla	light bulb
de 60	*here*: 60 watts
tardar	to be long, be late
el camión no puede tardar	the lorry will be here soon
me parece que	I think that
ponerse	to put on
la cazadora	zip-up jacket
hasta luego	'bye then, see you later

28 En la peluquería ...

el peluquero	hairdresser
te	you
¡cuánto tiempo sin verte!	it's been a long time! I haven't seen you for ages!
he (haber)	I have
haber	have (as auxiliary verb)
bajado (bajar)	come down
ha (haber)	she has
venido (venir)	come
solo, -a	alone
encontrarse /ue/	to be (ill, well, healthy)
¿qué hacemos? (grammar 38B)	what shall we do?
cortar	to cut
¿afeitar y cortar?	shave and haircut?
lavar	to wash
el pelo	hair
no muy	not especially
corto, -a	short
las patillas	sideburns
que	than

... y en casa de nuevo

de nuevo	again, once more
te han cortado el pelo	they have cut your hair
han (haber)	they have
parecer	to seem, look like
pareces otro	you look different
has (haber)	you have
la iglesia	church
de la Iglesia	here: by the church
del Mercado	here: by the market
encontrar /ue/	to find
las botas de deporte	trainers
el mercado	market
¿sí?	here: oh yes?
¿cómo te ha ido?	how did it go for you?
en	at ...'s
rápido	fast, quickly
he estado con el tío	I was at my uncle's
contar	to tell, relate
algo nuevo	something/anything new
estar en paro	to be unemployed
otra vez	again
la vez	time (as in this time), occasion

en muchas partes	in many places, all over the place
la cosa	matter, business
la cosa está fatal	things are really terrible in that quarter
la suerte	luck
¡qué mala suerte!	what bad luck!
pobre	poor
¡pobres!	poor things!
habéis (haber)	you have
hecho (hacer)	done
especial	special
hemos (haber)	we have
la vuelta	walk round, turn round, trip round
dar una vuelta	to take a walk, stroll
por	through, round
el puerto	harbour
hemos tomado (tomar)	we had, ate
las tapas	bar snacks
ha dicho que muchas	he said many
gracias por	thanks for
dicho (decir /i/)	said
gracias por	thanks for
lo que ha hecho (hacer)	what he did/has done
*el circuito de footing	jogging track/circuit
*el footing le entusiasma	he is very keen on jogging

29 ¿Qué le pasa?

le	him, her, you
pasar	to happen, go on
¿qué le pasa?	what's the matter with him (her, you)?
parece que	it seems that
le duele la pierna	his leg hurts (literally: his leg pains him)
doler /ue/	to hurt, ache
la pierna	leg
¿qué te pasa?	what's wrong with you?
¿te duelen?	do they hurt (you)?
la rodilla	knee
la cabeza	head
el brazo	arm
el estómago	stomach
*la frente	forehead
*los ojos	eyes
*la nariz	nose
*la garganta	throat

*la espalda	back
*la boca	mouth
*el dedo	finger

30 Tiempo libre

el tiempo libre	free time, spare time
libre	free
la encuesta	enquiry
hacer	to do
los días laborables	on weekdays
entrenar	to train
el equipo	team
el fútbol	football
hago *(hacer)*	I do
los deberes	homework
dormir /ue/	to sleep
jugar al fútbol	to play football
jugar a /ue/	to play (games)
salgo *(salir)*	I go out
voy al fútbol	*here*: I go to a football match
escuchar	to listen to
el apellido	surname
la música	music
tocar	to play (musical instruments); *also* to touch
la guitarra	guitar
ayudar	to help
mis	my
ir a bailar	to go to a dance
bailar	to dance
ir a misa	to go to mass
la misa	mass
fuera	out (not at home)
a veces	sometimes
los abuelos *(grammar 5C)*	grandparents
el campo	countryside
*el vocabulario	vocabulary, wordlist
*el instrumento	instrument
*el piano	piano
*la flauta	flute
*la trompeta	trumpet
*la orquesta	orchestra
*practicar	to practise
*el deporte	sport
*el tenis	tennis
*el balonmano	handball
*el baloncesto	basketball
*el volibol	volley-ball
*esquiar	to ski
*patinar	to skate
*nadar	to swim
*cocinar	to cook
*el ajedrez	chess

*las cartas	cards
*coleccionar	to collect
*la discoteca	discotheque
*ir de paseo	to go for a walk
*tomar una copa	to have a drink
*anote (anotar)	note down …!
*el plan, los planes	plan, plans (of action)
*alegre	cheerful
*simpático, -a	nice, pleasant
*valiente	courageous
*serio, -a	serious
*generoso, -a	generous
*trabajador, -a	hard-working
*atlético, -a	athletic, sporty
*ambicioso, -a	ambitious
*inteligente	intelligent, clever
*tímido, -a	timid, shy
*cobarde	cowardly
*bobo, -a	foolish
*feo, -a	ugly
*triste	sad
*tonto, -a	silly
*perezoso, -a	lazy
*antipático, -a	unpleasant, nasty
*vago, -a	slothful
*tacaño, -a	mean, miserly
*el partido	companion, partner
*moreno, -a	dark(-haired)
*rubio, -a	blond, fair(-haired)
*la vega	river bank
*el gato	cat
*el cordero asado	roast lamb
*la misa mayor	High Mass

31 Sobre gustos no hay nada escrito

"sobre gustos no hay nada escrito"	'there's no accounting for tastes'
sobre	about, with reference to
el gusto	taste
escrito *(escribir)*	written
¡qué horror!	how awful!
esto es una tomadura de pelo	this is a great legpull, tease, swizz
me encanta	I like it very much
encantar	to delight, charm
genial	brilliant, inspired
¡qué cosa más rara!	what a peculiar thing!
raro, -a	peculiar, strange, odd
¿qué te parece a ti?	what do you think?

ti	you
feísimo, -a	terribly ugly
feo, -a	ugly
¡qué asco!	how disgusting!
sensacional	sensational
fabuloso, -a	fabulous, fantastic
muchísimo	a lot, very much
*la frase	phrase, expression
*expresar	to express
*positivo, -a	positive
*negativo, -a	negative
*opinar	to think, have an opinion
*el cuadro	painting, picture
*el pintor	painter
*buenísimo, -a	extremely good
*riquísimo, -a	really delicious
*excéntrico, -a	excentric
*en realidad	in actual fact

32 De compras

de compras	shopping
la rebaja	reduction, sale price
el zapato	shoe
el vestido	dress, costume
la blusa	blouse
la falda	skirt
el jersey	jersey, pullover
la corbata	tie
la camisa	shirt
los pantalones	trousers
la chaqueta	jacket
el calcetín	sock
todo rebajado	everything reduced (in price)
los vaqueros	jeans
la camiseta	tee-shirt
las zapatillas de deporte	sports shoes, trainers
el chaleco	waistcoat
el abrigo	coat, overcoat
la cazadora	short, zip-up jacket
más barato que nunca	cheaper than ever
aceptar	to accept
la tarjeta de crédito	credit card
Cortefiel	*Spanish chain of department stores*
costar /ue/	to cost
el abrigo más barato	the cheapest coat

Unas botas de cuero …

la bota	boot
el cuero	leather
la sección	section, department

el caballero	(gentle)man
la sección de caballeros	gents' department, men's department
espera *(esperar)*	wait! (using *tú*)
el plástico	plastic
la dependienta	(woman) assistant
¿qué número calza?	what size do you take? *(of shoes)*
calzar	to wear, put on *(shoes)*
marrón	brown
probar(se) /ue/	to try on
me quedan muy bien	they suit/fit me very well
mejor	better
práctico, -a	practical
quedarse con	to keep, retain
después de pagar	after paying
acompañar a *(grammar 78)*	to accompany, go with
la planta	floor, level (of stores)

… y un jersey de lana

de lana	woollen
la lana	wool
verde	green
merino	merino (wool)
puro, -a	pure
la talla	size *(of clothes)*
en rebajas	in the sales
¿te gusta? *(gustar)*	do you like it?
normalmente	usually, normally
regalar	to give (away) as a present
menor	younger, smaller
el hermano menor	younger brother
demasiado	far too
mayor	older, bigger
peor	worst
la compra	purchase
la peor compra del año	the worst buy of the year
*el material	material, fabric
*muebles	furniture
*artículos de regalo	gifts
*servicios	toilets
*calzados	shoe department
*confección	fashions
*hogar	home, household goods
*comestibles	food department
*la planta baja	ground floor
*próximo, -a	next

33 En el número 85

el portero, la portera	porter, caretaker
el portero automático	entry phone
el estilo	style
modernista	modernistic
sin embargo	however
una señora de edad	an elderly woman
la edad	age
lleva más de quince años *(grammar 40)*	she has lived for more than fifteen years
conocer	to know
todos los que	all those who, everyone who
en ella	in it
está limpiando	she's cleaning
limpiar	to clean
la escalera	stairs
el repartidor	delivery man
los almacenes	department store
el frigorífico	refrigerator
segundo, -a	second
el piso	floor *(of flats)*
hacia	towards
el ascensor	lift
el montacargas	goods lift
subir por la escalera	to take the stairs, go up the stairs
no hay nadie	*here*: there's no one in
no ... nadie	nobody, no one
vacío, -a	empty
casarse	to get married
la semana que viene *(venir)*	next week, the coming week
venir /ie/	to come
¿dónde ponemos ...? *(grammar 38B)*	where shall we put ...?
poner	to put, place
la portería	porter's room, lodge
¡Ay, por Dios!	Oh, for God's sake!
¡Eso sí que no!	Certainly not!
caber (en)	to go, fit (in)
no ... ni	not even
el alfiler	pin
los padres *(grammar 5C)*	parents
en el tercero	*here*: on the third floor
tercero, -a	third
a lo mejor	perhaps, maybe
miren *(mirar)*	look ...! *(using ustedes)*
ahí	there
traer	to bring, come with
vengo *(venir)*	I'm coming
de allí	from there
precisamente	precisely, exactly
alguien	someone, anyone
arriba	up (there), upstairs
salgo *(salir)*	I'm going out
5° = quinto	fifth
4° = cuarto	fourth
*el notario	notary, solicitor
*Doña	Mrs *(goes with the first name)*
*el egoísta	egoist
*andar	to walk, go
*sufrir	to suffer
*amar	to love
*sino	except

34 El piso y los muebles

los muebles	furniture
el mueble	piece of furniture
el sofá	sofa
el armario	cupboard, wardrobe
la cama	bed
el sillón	armchair
la alfombra	carpet, rug
la cómoda	chest of drawers
la lámpara	lamp
la mesa de noche	bedside table
el vestíbulo	hall
el (cuarto de) baño	bathroom
la sala (de estar)	living-room
el dormitorio	bedroom
la terraza	balcony
¿dónde pongo ...? *(poner) (grammar 38B)*	where shall I put ...?
los, las	them
lo	it, him
la	it, her
*coloquen *(colocar)*	put ...! place ...!

Hogar, dulce hogar

el hogar	home
dulce	sweet
el montón	heap, pile
la caja	box, case
llaman a la puerta	there's a ring/knock at the door
¡adelante!	come in!
abierto, -a *(abrir)*	open
conozco *(conocer)*	I know (person)
la novia	fiancée
rubio, -a	blond
cuantos más, mejor	the more, the better; the more, the merrier

a buscar	*here*: (in order) to collect, meet
presentar	to introduce, present
te presento a Anita	may I introduce you to Anita; this is Anita
encantado, -a	delighted (to meet you)
mucho gusto	*here*: delighted, pleased to meet you
¡qué suerte!	what luck! how lucky you are!
una terraza tan grande	such a large balcony
al aire libre	in the open air, outdoors
ponerse a	to begin to, start to
el cuadro	picture
el suelo	floor
la taza	cup
de acuerdo	O.K., agreed
la tortilla	omelette
la ensalada	salad
el plato	plate (*also* dish = plate of food)
no los veo	I can't see them
puesto *(poner)*	placed, put
el vaso	glass
*el tenedor	fork
*el cuchillo	knife

35 ¿Un buen negocio?

el negocio	deal, piece of business
¿en qué puedo servirle?	what can I do for you? can I be of help?
visto *(ver)*	seen
la porcelana	porcelain, china
el escaparate	shop window
aquel *(m)*, aquella *(f)*	that (one)
inglés, inglesa	English
la calidad	quality
gastar	to spend (money)
algo así	something similar, something like that
hoy en día	nowadays
la jarra	jug
la flor	flower
¿cuál?	which one?
roto, -a *(romper)*	broken
el mostrador	shop counter
el doble	double, twice as much

haga el favor de …	please be so good as to …
haga *(hacer)*	do …! (*using usted*)
hoy mismo	this very day
la oficina central	head office
la Seat	*the car manufacturer SEAT (Sociedad Española de Automóviles de Turismo) in Barcelona*
no faltaba más	certainly, of course
qué cliente más raro *(grammar 10C)*	what a strange customer
la tienda	shop
el regalo	present
elegante	elegant, grand
sin duda	without doubt
el jefe	boss
siguiente	following
al día siguiente	on the following day
contento, -a	satisfied, happy
recibir	to receive
abierto *(abrir)*	opened
ofendido, -a	offended, insulted
seguro que lo han roto	they must have broken it
seguro	surely
el camino	way, road
patoso, -a	clumsy
ja, ja	ha, ha
yo mismo	I myself
cada	each, every
el trozo	piece, bit
envuelto *(envolver)*	wrapped
matar	to kill

En el Rastro

el Rastro	*the flea-market in Madrid*
valer	to cost, be worth
el reloj	watch, clock
¿vale?	is that all right?
¡vale!	it's a deal, O.K.
tome usted *(tomar)*	here you are
*el anillo	ring
*el equipo de música	music centre
*el despertador	alarm clock
*la pulsera	bracelet
*la plancha de vapor	steam iron
*el ordenador portátil	laptop computer
*la videocámara	video camera

36 El norte de España

la lluvia	rain
el bosque	forest, woods
el prado	meadow, field
abundante ganado vacuno	a wealth of cattle
abundante	abundant, plentiful
el ganado	livestock
vacuno, -a	cattle (*adjective*)
se produce (*producir*) (*grammar 75*)	is produced
se consume (*consumir*)	is consumed
Galicia	Galicia
Asturias	Asturias
la manzana	apple
la hortaliza	vegetables
la comarca	district, area
La Rioja	*region in northern Spain, famous for its wines*
la ría	deep bay, 'fjord'
la pesca	fishing
primero, -a	leading, most important
pesquero, -a	fishing (*adjective*)
la conserva	canning
el pescado	fish
la ganadería	livestock farming
*los Picos de Europa	*mountain range in northern Spain*
*el patrón	patron saint
*junto con	together with
*el consumidor	consumer
*el descenso	descent
*los participantes	participants
*la indicación	sign

página 81

la calidad de vida	quality of life
comercial	commercial
el astillero	shipyard
*el elogio	eulogy
*el horizonte	horizon
*remangado, -a	rolled up
*la pantorilla	calf (of leg)
*el corsé	corset
*gritar	to cry, shout
*la sardinita	little sardine
*"frescu es" = son frescas	they are fresh
*coger	to pick up, take
*marcharse	to leave

37 Un joven gallego

el gallego, la gallega	Galician, man/woman from Galicia
hacer buen día	to be good weather
¡ojalá!	let's hope so!
lleva … lloviendo (*grammar 40*)	it's been raining for …
la bolsa	bag
el termo	thermos flask
la cara	face
tener cara de	to look
cansado, -a	tired
ayer	yesterday
llegó (*llegar*)	he came, arrived
tardísimo	terribly late
llegué (*llegar: grammar 89B*)	I came, arrived
volvió (*volver*)	(he) came back, returned
la merluza	hake
riquísimo, -a	very tasty
rico, -a	tasty, delicious
lo pasamos estupendamente	we had a marvellous time
pasar	to spend time
estupendamente	fantastic, marvellous
el pueblo	village
situado, -a	situated, which is, which lies
los hermanos (*grammar 5C*)	brothers (*also* brothers and sisters)
el único	the only
casado, -a	married
emigrar	to emigrate
hace muchos años	many years ago
estar de sargento	to serve as a sergeant
Ceuta	*Spanish town and military base in northern Morocco*
pescar	to fish

Por la tarde

descargar	to unload
la pesca	(fish) catch
la lonja	(fish) market
subastar	to auction
menos de	less than
satisfecho, -a	satisfied, content
la venta	sale
irse	to go away, set off
el pescador	fisherman

vimos (*ver: grammar 66*)	we saw
hiciste (*hacer:* *grammar 53*)	you did
fui (*ir: grammar 54*)	I went
tiene buena mano **para la comida**	she is good at cooking
***la sardina**	sardine
***hizo** (*hacer: grammar 53*)	he/she did

oscuro, -a	dark
un olor a	a smell of
quemado, -a	burnt
la tragedia	tragedy
correr	to run
su, sus	their
la ilusión	illusion, dream
convertido, -a (en)	changed (into)

38 Para estar más segura

para estar más segura	for safety's sake
seguro, -a	safe, secure
decidir	to decide
por fin	at last, finally
realizar	to carry out, realize
soñar /ue/	to dream
soñado, -a	dreamt of, ideal
el viaje	journey, trip
el billete	ticket
dijo (*decir: grammar 49*)	(she) said
nada de …	certainly no …
de forma poco **democrática**	in a very undemocratic way
la forma	way, manner
democrático, -a	democratic
las divisas	currency
el peso	(Mexican) peso
recoger	to collect
la gestoría	government agency, *here:* passport office
el ladrón	thief
nos	us
robar	to steal, rob
nos lo roba todo	robs us of everything
la desgracia	misfortune, setback
esconder	to hide
sin decir nada	without saying anything
el marido	husband
puso (*poner: grammar 57*)	(she) put
el horno	oven
la noche	evening, night
por la noche	in the evening
la pizza	pizza
el Rioja	Rioja wine
celebrar	to celebrate
la despedida	farewell, departure
encender /ie/	to light; *here:* to turn on
se calentó, se calentó …	it became hotter and hotter …
salir	to come out
el humo	smoke

39 En el mercado

el mercado	market hall
póngame (*poner*)	give me …!
el kilo	kilo
la cantidad	quantity, amount
le pongo buen peso	I'll add a bit over
el peso	weight
amable	kind, friendly
muy amable	very kind of you
la uva	grape
dulce	sweet
verde	*here:* unripe, still green
maduro, -a	ripe
algún, alguno (*m*)	any
el melón	melon
no … ninguno, -a	not one
no me queda ninguno	I've none left
la sandía	water melon
¿cuánto le debo?	how much do I owe you?
deber	to owe
tanto	so much
¡comó suben los precios!	how prices rise!
que lo pase bien	have a good time (*using usted*)
igualmente	same to you
***la lechuga**	lettuce
***la pera**	pear
***el melocotón**	peach
***la panadería**	baker's, bread stall
***el amor**	love
***el chivo**	kid, goat

40 Perú: dos lados de la misma cara

las Ciencias Sociales	social sciences
la ciencia	science
el material	material
ilustrar	to illustrate, illuminate
sobre	about
el CD	CD, compact disc
el folleto	brochure, pamphlet

el cartel	poster
el video	video (cassette)
estuve *(estar: grammar 51)*	I was
concretamente	specifically, exactly
enseñar	to show
chocar	to shock
la pobreza	poverty
la escena	scene
triste	sad
el poblado	village
indígena	indigenous, native
los Andes	the Andes
el lago	lake (*or* the sea)
el indio	Indian
la selva	forest, jungle
el Amazonas	the Amazon river
primitivo, -a	primitive
feliz	happy
el modo de vida	way of life
auténtico, -a	authentic
la escuela	school
depender (de)	to depend (on)
la imagen	picture, image
real	real, true
Hispanoamérica	Spanish America
es cierto	that's right, that's true
cierto, -a	sure, correct
hay que	one must, one has to
tener cuidado (con)	be careful (with), be cautious (with)
la generalización	generalization
continuar	to continue
pasado, -a	previous, last
por Navidad	at Christmas time
pudimos *(poder: grammar 56)*	we could, we were able to
el piloto	pilot
Iberia	*the Spanish state airline*
visitar	to visit
el lugar	place
la propiedad	property
el pariente	relation, relative
no ... más que *(grammar 10E)*	nothing but
la maquinaria	machinery
el arma *(f)*	weapon
*la inundación	flood
*el centro comercial	shopping centre, mall
*la agricultura	agriculture

página 90

aunque	although
el/la colega	colleague
elegantísimo, -a	really elegant
el monumento	monument
inca	Inca
la impresión	impression
me llevé *(llevarse)*	I carried/took away with me
positivo, -a	positive
*la colmena	beehive
*la artesanía	craft, artefact
*peruano, -a	Peruvian

English–Spanish vocabulary

See also the *Expressions and phrases* section in the Students' Book, pp. 92–4.
Numbers: see Grammar 14 in the Students' Book.
Months: see Unit 13.
Names of countries: see maps in Students' Book, pp. 4–5 (Unit 1).

A

a, an un, una
able: to be able to poder /ue/
about cerca de, alrededor de
above encima de; **above all** sobre todo
abroad el extranjero; **to go abroad** ir
 al extranjero
to **accept** aceptar
to **accept, receive, be given** recibir
to **accompany** acompañar
accountant el/la contable
to **ache** doler /ue/; **my head aches** me duele
 la cabeza
activity la actividad; **activity book** el libro
 de actividades
actor el actor
address la dirección
advertisement el anuncio
aeroplane el avión
after después de; **after eating** después de comer
afternoon la tarde; **in the afternoon** por
 la tarde
afterwards después
again de nuevo, otra vez
age la edad
ago hace + *time expression*
agreeable agradable
air el aire
air-conditioning el aire acondicionado
air hostess la azafata
airport el aeropuerto
air terminal la terminal
alone solo, -a
all todo, -a; todos, -as
all right (*so-so*) regular; **that's all right** está
 bien; **all right?** ¿vale?
almost casi
alphabet el alfabeto
already ya
also también
although aunque
altitude la altitud
always siempre
ambitious ambicioso, -a
American americano, -a; norteamericano, -a
among entre; **among other things** entre
 otras cosas
amusing divertido, -a
and y (*also* e, *see grammar 89E*)

Andalusia Andalucía
Andalusian andaluz, andaluza
Andes los Andes
animal el animal
another otro, -a
to **answer** contestar
anyone cualquier(a)
apartment el piso
apple la manzana
Arab árabe
area la región, el territorio, la zona
arm el brazo
armchair el sillón
arrival la llegada
to **arrive** llegar
art: work of art la obra
artist el/la artista
as como
to **ask for** preguntar; **to ask after** preguntar
 por (*a person*)
assistant (shop) el dependiente
Asturias Asturias
at en
at about (two o'clock) a eso de (las dos)
at …'s en casa de …
at Christmas por Navidad
at last al fin, por fin
at once en seguida
at what time? ¿a qué hora?
athletic atlético, -a
to **auction** subastar
aunt la tía
author el autor, la autora
autonomous region la Comunidad Autónoma
autumn el otoño
avenue el paseo
average medio, -a
awful fatal

B

bachelor el soltero
bad malo (mal), mala
badly mal
bag el bolso, la bolsa
balcony la terraza
Balearic Islands las Islas Baleares
ballpoint pen el bolígrafo
bank el banco
bank (of river) la orilla, la vega; **on the banks
 of** a orillas de

bank manager el director de banco
bar el bar, la cafetería; *(on beach)* el chiringuito
bar counter la barra
Basque vasco, -a
Basque Country el País Vasco
Basque language el vascuence, el euskera
basket la cesta
basketball el baloncesto
bathroom el (cuarto de) baño
battery la pila
to **be** estar; ser
to **be** estar; encontrarse /ue/ *(of situation and of health)*
to **be able to** poder /ue/
to **be careful (with)** tener cuidado (con)
to **be forced to** tener que
to **be hungry** tener hambre
to **be thirsty** tener sed
beach la playa
beautiful guapo, -a; bonito, -a; precioso, -a
because porque
bed la cama
bed and breakfast (B & B) el hotel residencia (HR)
bedroom el dormitorio
bedside table la mesa de noche
beer la cerveza
before *(time)* antes de; **before** *(going away)* antes de (irse)
before *(place)* delante (de)
to **begin to** empezar a; ponerse a
behind detrás (de)
to **believe** creer
beside al lado de
best el/la mejor
better mejor
between entre
bicycle la bicicleta
big grande (gran)
bird el pájaro
birthday el cumpleaños
bit el trozo
black negro, -a
blond rubio, -a
blouse la blusa
blue azul
boarding house la pensión, el hostal
boat el barco; *(small)* la barca
book el libro
bookcase/shelves la estantería
bookshop la librería
boot la bota
to **border (on)** limitar (con)
boring aburrido, -a
boss el jefe
both los dos, las dos
bottle la botella
box la caja
boy el chico
bracelet la pulsera
bread el pan
to **break** romper /ue/
breakfast el desayuno; **to have breakfast** desayunar

to **bring** traer
brochure el folleto
broken roto, -a
brother el hermano
brothers and sisters los hermanos
brown marrón
building el edificio
bus el autobús
business el negocio
bus stop la parada de autobús
but pero
butter la mantequilla
to **buy** comprar
by por

C

café la cafetería
caffeine-free (coffee) (el café) descafeinado
cake la pasta
to be **called** llamarse; **what are you called?** ¿cómo se llama usted?
calculator la calculadora
camera la cámara (fotográfica)
campsite el camping
Canary Islands las Islas Canarias
capital la capital
car el coche; **car park** el parking
card la tarjeta; **playing cards** las cartas
care el cuidado
to be **careful** tener cuidado (con)
caretaker el portero, la portera
carpet la alfombra
to **carry** llevar
to **carry out** realizar
cartoon el dibujo animado
cash-desk la caja
cashier el cajero, la cajera
Castile Castilla
Castilian castellano, -a
cat el gato
Catalan catalán, catalana
Catalonia Cataluña
catch (of fish) la pesca
cathedral la catedral
cattle el ganado vacuno
CD el CD
to **celebrate** celebrar
central central; *(centrally situated)* céntrico, -a
central heating la calefacción central
centre el centro
century el siglo
cereal(s) los cereales
chair la silla
change *(money)* el cambio
cheap barato, -a
cheerful alegre
cheese el queso
chemist's la farmacia
chess el ajedrez
chest of drawers la cómoda
child el niño, la niña
children los niños
china la porcelana
chocolate el chocolate

Christmas la Navidad; **at Christmas** por Navidad
church la iglesia
cinema el cine
cigarette el cigarrillo
class la clase
to **clean** limpiar
client el/la cliente
climate el clima
clock el reloj
to **close** cerrar /ie/
closed cerrado, -a
clothes la ropa, la confección
cloudy nublado, -a
clumsy patoso, -a
coach el autocar
coast la costa
coat el abrigo
coffee el café; **black coffee** el café solo; **white coffee** el café con leche; **coffee with a little milk** el café cortado
coin la moneda
cold frío, -a; **it's cold** hace frío; **to have a cold** estar resfriado, -a
colony la colonia
colour el color
colleague el/la colega
to **collect** coleccionar
Colombus Colón
to **come** venir
come in! ¡adelante!
company la compañía
company (business) la compañía, la empresa
complete completo, -a
computer el ordenador
to **consider** opinar
to **consume** consumir
content contento, -a; satisfecho, -a
to **continue** continuar
to **cook food** cocinar
copy la copia
corner (inside) el rincón; (outside) la esquina
correct correcto, -a; cierto -a
to **cost** costar /ue/; **how much does it cost?** ¿cuánto es? ¿cuánto vale? ¿cuánto cuesta?
cotton el algodón
counter (shop) el mostrador
country el país
country dweller el campesino, la campesina
countryside el campo
courageous valiente
course el curso
of course! ¡claro!
cousin el primo, la prima
cow la vaca
cowardly cobarde
cream la nata
credit card la tarjeta de crédito
to **cultivate** cultivar
culture la cultura
cup la taza
cupboard el armario
currency las divisas

customer el/la cliente
Customs la aduana
Customs officer el aduanero

D

Dad, Daddy papá
to **dance** bailar
dark oscuro, -a; **dark-haired** moreno, -a
date la fecha
daughter la hija
day el día
to **deal with** tratarse de
dear (expensive) caro, -a
dear (in letter) querido, -a
to **decide** decidir
degree el grado
to **delay** tardar
delicious rico, -a
to **delight** encantar; **delighted to meet you!** ¡encantado, -a!
delivery man el repartidor
democratic democrático, -a
dentist el/la dentista
department (in store) la sección
department store los almacenes
to **depend on** depender de
despite a pesar de
to **destroy** destruir
development el desarrollo
dial (a telephone number) marcar (un número)
dictionary el diccionario
different distinto, -a
to **dine** cenar
dining room el comedor
dinner la cena (evening meal)
director el director
disco(theque) la disco(teca)
discount la rebaja
dish (of food) el plato
district la región, la comarca
district (of town) el barrio
to **divide** dividir
to **do** hacer
doctor el médico, la médica
dog el perro
door la puerta
double doble
drawing el dibujo
dreadful nulo, -a
to **dream** soñar /ue/
dress el vestido
drink la bebida; **alcoholic drink** la copa
to **drink** beber, tomar; **to have a drink** tomar una copa
drinking water el agua (f) potable
driver el conductor
dry seco, -a
dull aburrido, -a
during durante

E

each cada
earlier antes
early temprano

to **earn** ganar
earth la tierra
east el este
to **eat** comer, tomar
to **eat breakfast** desayunar
to **eat lunch** almorzar
to **eat dinner** cenar
economic económico, -a
egg el huevo
elder mayor
eldest el/la mayor
elderly man/woman un señor/una señora
   de edad
elegant elegante
to **emigrate** emigrar
to **emphasize** subrayar
employee el empleado, la empleada
empty vacío, -a
end el fin
to **end** terminar
English inglés, inglesa
enormous enorme
enquiry la encuesta
to **enter** entrar en
entertaining divertido, -a
entrance la entrada
envelope el sobre
errand el recado
estate *(farm)* la finca
euro el euro
evening la tarde, la noche; **in the evening**
   por la tarde/noche
evening meal la cena
ever nunca
every todo, -a
every day todos los días
everyone todos, todo el mundo
everything todo
exactly precisamente
excellent estupendo, -a; excelente
exchange *(money)* el cambio
exciting emocionante
exercise el ejercicio
excursion la excursión
excuse me perdón
exit la salida; *(at airport)* la puerta
experience la experiencia
export la exportación
to **export** exportar
to **express** expresar
exquisite precioso, -a

F
face la cara
fair-haired(/skinned) rubio, -a
family la familia
famous famoso, -a
fantastic fabuloso, -a; estupendo, -a
far lejos; **far from** lejos de
farewell la despedida
farm la finca
farmer/farm worker el agricultor
father el padre

to **feed** dar de comer a
felt-tip pen el rotulador
to **fetch** buscar, recoger
few pocos, -as
fewer than menos de
fiancé(e) el novio, la novia
field el campo
fifth quinto, -a
film la película, el film
finally al fin, por fin
to **find** encontrar /ue/
fine bonito, -a; **that's fine** está bien, bueno;
   it's fine weather hace buen tiempo
fire el fuego
firm *(business)* la empresa
first primero (primer), primera
fish el pescado
fish-auction la lonja
fishing la pesca
to **fish** pescar
fisherman el pescador
to **fit in** caber
flat el piso
floor el suelo
floor *(level)* la planta
flower la flor
flute la flauta
folder la carpeta
following siguiente; **on the following day**
   al día siguiente
food la comida, los comestibles
foot el pie; **to go on foot** ir a pie
football el fútbol
footwear el calzado
for para, por
for example por ejemplo
for the rest por lo demás
forest el bosque
form el formulario
former antiguo, -a
fortnight quince días
forward adelante
fourth cuarto, -a
free libre
free time el tiempo libre
French francés, francesa
(on) Friday el viernes
friend el amigo, la amiga
friendly amable
from de, desde
from ... on a partir de; desde
from ... to desde ... hasta
fruit la fruta
funny divertido, -a; gracioso, -a
furniture muebles; *(piece of)* el mueble
future el futuro

G
Galicia Galicia
Galician gallego
garage el garaje
gate (airport) la puerta
general: in general en general

generally generalmente, normalmente
generous generoso, -a
gentle suave
gentleman el señor, el caballero
geography la geografía
German alemán, alemana
to **get off** bajar de
to **get on** subir a
to **get up** levantarse
gift el regalo
girl la chica
to **give** dar; *(as a present)* regalar
give me! ¡deme! *(usted form)*
glass el vaso
glasses *(spectacles)* las gafas
to **go** ir
to **go abroad** ir al extranjero
to **go away** irse
to **go down** bajar
to **go forward** avanzar
to **go into** entrar (en)
to **go on an excursion** ir de excursión
to **go on foot** ir a pie
to **go on holiday** ir de vacaciones
to **go out** salir (de)
to **go through** pasar por
to **go to bed** acostarse /ue/
to **go to mass** ir a misa
to **go up** subir
good bueno (buen), buena; *(of food)* rico, -a
good afternoon/evening buenas tardes
goodbye adiós
good-looking guapo, -a
good morning buenos días
good night buenas noches
to **govern** gobernar /ie/
government el gobierno
grandfather el abuelo
grandmother la abuela
grant *(for study)* la beca
grape la uva
great grande (gran)
great! ¡genial! ¡fabuloso!
green verde
greeting el saludo
ground la tierra
ground floor la planta baja
group el grupo
to **grow** cultivar
to **guess** adivinar
guesthouse la pensión, el hostal
guide *(person)* el guía
guidebook la guía
guitar la guitarra

H
hair el pelo
hairdresser el peluquero
hairdresser's la peluquería
hake la merluza
half la mitad
half medio, -a; **half an hour** media hora
hall el vestíbulo

ham el jamón
hand la mano
handball el balonmano
to **happen** pasar
harbour el puerto
hard-working trabajador, -a
to **have** *(own)* tener; *(as auxiliary verb)* haber
to **have time** tener tiempo
to **have been (ten years) in ...** llevar (10 años) en ...
he él
head la cabeza
head office la oficina central
health la salud
heap el montón; **heaps of** un montón de; muchos, -as
to **heat** calentar /ie/
heating la calefacción
heart el corazón
hello *(on phone)* dígame
to **help** ayudar
hen la gallina
here aquí
hereabouts por aquí
to **hide** esconder
high alto, -a
to **hire** alquilar
holy santo, -a; sagrado, -a
holidays las vacaciones; **to go on holiday** ir de vacaciones
home la casa, el hogar; **at home** en casa
home town el domicilio
homework el deber, los deberes
hospital el hospital
hot: it's hot hace calor
hotel el hotel; *(smaller)* el hostal
hour la hora
house la casa
how? ¿cómo?
however sin embargo
how many? ¿cuántos? ¿cuántas?
how much? ¿cuánto?
hug el abrazo
hundred ciento, cien
hunger el hambre *(f)*
hungry: to be hungry tener hambre
to **hurt** doler /ue/; **my leg hurts** me duele la pierna
husband el marido

I
I yo
I don't know no sé (saber)
I like me gusta (gustar)
I must tengo que (tener que)
I myself yo mismo
I think that creo que ...; me parece que ...
identity card el carné de identidad
ice-cream el helado
if si
ill malo, enfermo; **to be ill** estar mal/malo, -a; estar enfermo, -a
to **imagine** imaginarse

immediately en seguida
immigrant el inmigrante
important importante
imposing impresionante
impression la impresión
impressive impresionante
in en
in addition además
in a short time dentro de poco
in front of delante (de)
in the evening por la tarde
in the middle of en el centro de
in the morning por la mañana
in spite of a pesar de
Inca inca
including incluso, hasta
Indian el indio *(person)*
industry la industria
influence la influencia
ingredient el ingrediente
inhabitant el habitante
instruction la instrucción
instrument el instrumento
insurance company la compañía de seguros
intelligent inteligente
interesting interesante
international internacional
interview la entrevista
interior el interior
iron la plancha; **steam iron** la plancha de vapor
to **iron** planchar
island la isla
isn't it? *etc.* ¿no?, ¿verdad?
Italian el italiano *(person, language)*

J

jacket la chaqueta; *(short, zip-up)* la cazadora
jam la mermelada
jeans los vaqueros
jersey el jersey
joke la broma
journey el viaje
juice el zumo
jungle la selva

K

key la llave
kingdom el reino; **United Kingdom** el Reino Unido
kilo el kilo
to **kill** matar
kiosk el quiosco *(also* kiosko)
kiss el beso
kitchen la cocina
knee la rodilla
to **know** *(a person or place)* conocer; *(a fact)* saber; **I don't know** no sé

L

lady la señora; **young lady** la señorita
lake el lago
lamp la lámpara
land *(soil)* la tierra; *(country)* el país
language la lengua; *(Spanish)* el lenguaje

large grande (gran)
last (week) (la semana) pasada
late tarde; **to be late** tardar
Latin America América Latina, Latinoamérica
lazy perezoso, -a; *(slothful)* vago, -a
to **learn** aprender
leather el cuero
left *(direction)* a la izquierda; **to be left** quedar
leg la pierna
lemon el limón
less menos; **less than** menos que; *(with numbers)* menos de
lesson la clase
letter la carta; *(of alphabet)* la letra
letter-box el buzón
lettuce la lechuga
life la vida
lift el ascensor
to **light** encender /ie/
light bulb la bombilla
like como
to **like: I like to eat** me gusta comer
Lisbon Lisboa
to **listen (to)** escuchar
little pequeño, -a; **a little** un poco
to **live** vivir
living room la sala (de estar)
long largo, -a
to **look** mirar
to **look after** ocuparse de
to **look at** mirar
to **look for** buscar
to **look like** parecer
lorry el camión
lot: a lot of, lots of un montón de; muchos, -as
love el amor
low bajo, -a
luck la suerte
lunch el almuerzo, la comida

M

magazine la revista
to **make** hacer
male chauvinist el machista
man el señor, el hombre; **young man** el joven
manager el director
map el mapa; *(of a town)* el plano
market el mercado
marker pen el rotulador
married casado, -a
to **marry** casarse (con)
marvellous estupendo, -a
mass la misa; **to go to mass** ir a misa
material el material
mathematics las matemáticas
maybe quizás, a lo mejor
meadow el prado
meal la comida
mean tacaño, -a
meat la carne
medicine la medicina
meeting la cita
Mediterranean el Mediterráneo

melon el melón
Mexican mexicano, -a
Mexico City México D.F.
mild suave
milk la leche
million un millón
mine la mina
mineral water el agua (f) mineral
Ministry el ministerio
minus menos
misfortune la desgracia
mobile phone el móvil
modern moderno, -a
moment el momento; **just a moment!** ¡un
  momento!
(on) Monday el lunes
money el dinero
month el mes
monument el monumento
moon la luna
more más; **more than** más que; *(with numbers)*
  más de
moreover además
morning la mañana; **in the morning** por la
  mañana
most más
most of all sobre todo
mother la madre
Mother, Mum, Mummy mamá
mountain la montaña
moving emocionante
Mr (el) señor, don
Mr and Mrs (los) señores
Mrs (la) señora, doña
Miss (la) señorita
much mucho, -a
museum el museo
music la música
music centre el equipo de música
mussel el mejillón
(one) must hay que
(I) must tengo que *(tener que)*

N

name el nombre
narrow estrecho, -a
nasty antipático, -a
native indígena
naturally! ¡claro!
near cerca; **near to** cerca de
nearby cerca
nearly casi
neither ... nor ... ni ... ni ...
to **need** necesitar
negative negativo, -a
nephew el sobrino
never (no ...) nunca
new nuevo, -a
news las noticias, el telediario
newspaper el periódico
nice *(good-looking)* guapo, -a; bonito, -a;
  (pleasant) simpático, -a
niece la sobrina

night la noche; **at night** por la noche
no no
nobody, no one (no ...) nadie; (no ...)
  ninguno, -a
north el norte
not no
not until no ... hasta
not yet no ... todavía
note *(bank note)* el billete; *(jotting)* el apunte
nothing nada; (no...) nada
now ahora, ya
nowadays hoy en día
number el número

O

occasion la ocasión
occupation la profesión
to **occupy** ocupar
to **occupy (oneself) with** ocuparse de
of de
of course! ¡claro!
offer la oferta
office la oficina
official oficial
official el empleado, la empleada
often muchas veces
oil *(edible)* el aceite; *(petroleum)* el petroleo
O.K. muy bien, bueno; *(so-so)* regular
old viejo, -a
older mayor
oldest el/la mayor
olive la aceituna
olive tree el olivo
omelette la tortilla
on en, sobre
on the left/right of a la izquierda/derecha de
on the other hand por otro lado
on the outskirts of en las afueras de, en los
  alrededores de
on the shores of a orillas de
on Sunday el domingo *(etc.)*
once una vez; **at once** en seguida
onion la cebolla
only sólo; **the only** el único, la única
open abierto, -a; **in the open air** al aire libre
to **open** abrir
opinion: to give an opinion opinar
opposite enfrente
or o *(also u, see grammar 89E)*
orange la naranja
orchestra la orquesta
organization la organización
outskirts las afueras
oven el horno
over encima de; *(more than)* más de *(+ number)*
overcast nublado, -a
overcoat el abrigo
to **owe** deber
own propio, -a
to **own** poseer

P

packet el paquete
page la página

painter el pintor
painting el cuadro
pair, a pair of unos, unas; un par de
pamphlet el folleto
parcel el paquete
parents los padres
park el parque
to **park** *(a car)* aparcar
part la parte
to **pass** pasar
passing through de paso por
passport el pasaporte
to **pay** pagar
peach el melocotón
pear la pera
peculiar raro, -a
pencil el lápiz
peninsula la península
people la gente
pepper (green/red) el pimiento
per cent por ciento
perfect perfecto, -a
perhaps quizás, a lo mejor
person la persona
petrol station la gasolinera
photograph la foto, la fotografía
piano el piano
picture *(drawing)* el dibujo, la imagen
picture *(painting)* el cuadro
picture postcard la postal
piece el trozo
pig el cerdo
pilot el piloto
place el sitio, el lugar
to **place** poner
plain la llanura
plane el avión
plate el plato
plastic el plástico
to **play** *(games)* jugar /ue/ a
to **play** *(instruments)* tocar
playing-card la carta
to **please** gustar; **pleased to meet you!** ¡mucho gusto!
pleasant agradable
poem el poema
poetry la poesía
poor pobre
poppy la amapola
population la población
porter *(caretaker)* el portero, la portera
porter's lodge la portería
positive positivo, -a
postbox *(number)* el apartado
postcard la postal
poster el cartel
post office la oficina de correos; **at the PO** en Correos
potato la patata; **potato chips** las patatas fritas
poverty la pobreza
practical práctico, -a
to **practise** practicar
prawn la gamba
precisely precisamente

to **prefer** preferir /ie/
preferably mejor
premises el local
to **prepare** preparar
present (estar) presente; **at present** actualmente
present *(gift)* el regalo
to **present** presentar
previous pasado, -a
price el precio; **reduced price** la rebaja
primitive primitivo, -a
problem el problema
to **produce** producir
product el producto
production la producción
profession la profesión
property la propiedad
province la provincia
public el público
pullover el jersey
pupil el alumno, la alumna
purchase la compra
pure puro, -a
to **put** poner
to **put on** ponerse

Q
quality la calidad
quarter *(district)* el barrio
quarter (of an hour) el cuarto (de hora)
question pregunta
quick, quickly rápido
quite bastante; **quite a lot** bastante

R
radio la radio
railway el ferrocarril
rain la lluvia
to **rain** llover /ue/; **it's raining** llueve
rapid rápido
to **read** leer
to **realize** *(carry out)* realizar
really realmente
to **receive** recibir
receptionist el/la recepcionista
record el disco
red rojo, -a
refrigerator el frigorífico
region la región
registration plate la matrícula
relation, relative el pariente
to **remain** quedar
to **remember** acordarse /ue/
to **rent** alquilar
to **repeat** repetir /i/
to **reply** contestar
to **reserve** reservar
to **rest** descansar
restaurant el restaurante
to **return** regresar, volver /ue/
rice el arroz
rich rico, -a
right *(direction)* a la derecha
ring el anillo

to **ring** *(bell or telephone)* sonar /ue/
to **ring someone up** llamar a alguien
  (por teléfono)
ripe maduro, -a
river el río
road el camino; *(main road)* la carretera
roast asado, -a
Roman romano, -a
room la habitación, el cuarto
rucksack la mochila
rug la alfombra
to **rule** gobernar /ie/
to **run** correr
rush hour la hora punta

S

sacred sagrado, -a; santo, -a
sad triste
salad la ensalada
sale la venta; **sale price** la rebaja; **on sale**
  rebajado, -a
salesman el vendedor
sales manager el jefe de ventas
sale price la rebaja
same (el) mismo, (la) misma
sandwich el bocadillo
sardine la sardina
sausage el salchichón
satisfied satisfecho, -a; contento, -a
(on) Saturday el sábado
to **say** decir /i/
scene la escena
scholarship *(grant)* la beca
science la ciencia
school la escuela *(primary)*; el instituto *(State)*;
  el colegio *(private)*
schoolday el día de clase
sculpture la escultura
sea el mar
second segundo, -a
to **see** ver; **let's see!** ¡a ver!
to **seek** buscar
to **seem** parecer; **it seems that** parece que
to **sell** vender
to **send** enviar
sensational sensacional
sentence la frase
sergeant el sargento
serial (TV) el culebrón
serious *(problem)* grave; *(person)* serio, -a
several varios, -as
to **shave** afeitarse
she ella
shellfish el marisco
shipyard el astillero
shirt la camisa
to **shock** chocar
shoe el zapato; **sports shoes** las zapatillas/las
  botas de deporte
shop la tienda
to **shop** comprar; **to go shopping** ir de compras
shop window el escaparate
short corto, -a; *(of height)* bajo, -a

to **show** mostrar /ue/
showing *(of film)* la sesión
shower la ducha
to **shower** ducharse
shy tímido, -a
shut cerrado, -a
to **shut** cerrar /ie/
side el lado; **at the side of** al lado de
sign la indicación
to **sign** firmar
signal la señal
signature la firma
silly tonto, -a; bobo, -a
since *(because)* porque, como; *(time)* desde
single room la (habitación) individual
sister la hermana
situated (estar) situado, -a
size *(clothes)* la talla
to **skate** patinar
to **ski** esquiar
ski resort la estación de esquí
skirt la falda
sky el cielo
to **sleep** dormir /ue/
slim delgado, -a
small pequeño, -a; *(person)* bajo, -a
smell (of) el olor (a)
smoke el humo
to **smoke** fumar
to **snow** nevar /ie/; **it's snowing** nieva
so tan
so, so it is así
so, in other words pues
soap opera el culebrón
social social
social sciences las ciencias sociales
sock el calcetín
sofa el sofá
some unos, unas; un par de; algunos, -as
someone alguien; alguno (algún), alguna
something algo
son el hijo
song la canción
soon pronto, dentro de poco
sorry perdón, lo siento
soup la sopa
south el sur
south-east el sureste
Spain España; el Estado español
Spaniard el español, la española
Spanish español, -a
Spanish *(language)* el español, el castellano
Spanish America Hispanoamérica
to **speak** hablar; **is spoken** se habla
special especial
spectacles las gafas
to **spend** *(time)* pasar; *(money)* gastar
sport el deporte
sports shoes las zapatillas de deporte
spring la primavera
square la plaza
squid el calamar
stairs la escalera

stamp el sello
to **stand** *(location)* estar, encontrarse /ue/
state el estado
station la estación
stationer's la papelería
to **stay** quedar, quedarse
to **steal** robar
still todavía
stomach el estómago
store los almacenes
strange raro, -a
straw la paja
strawberry la fresa
street la calle
stroll el paseo
strong fuerte
struggle la lucha
student el estudiante; **students' book** el libro
  del estudiante
to **study** estudiar
study visit la visita de estudios
style el estilo
suburbs los alrededores, las afueras
suit el traje
suitcase la maleta
summer el verano
(on) Sunday el domingo
sun el sol; **it's sunny** hace sol
supermarket el supermercado; el super
supper la cena
sure seguro, -a; cierto, -a
surname el apellido
surroundings los alrededores
sweet *(taste)* dulce
to **swim** nadar
swimming pool la piscina

T

table la mesa; **bedside table** la mesa de noche
tall alto, -a
to **talk** hablar
to **take** tomar
to **take a bath** bañarse
to **take a shower** ducharse
to **take time** tardar
to **take a walk/stroll** ir de paseo, dar una vuelta
to **take out** sacar
taste el gusto
taxi el taxi
taxi-driver el/la taxista
tea el té
teacher el profesor, la profesora
team el equipo
tee-shirt la camiseta
telephone el teléfono
telephone kiosk la cabina
telephone receiver el auricular
telephone conversation la llamada (telefónica)
television la televisión, la tele
television set el televisor
to **tell** *(a story)* contar /ue/
temperature la temperatura
tennis el tenis

tension la tensión
terrace la terraza
text el texto
thank you very much muchas gracias
thanks (for) gracias (por)
thanks to gracias a
that *(which, who)* que
that (one) aquel, aquella
theatre el teatro
then *(at that time)* entonces; *(next)* luego
there allí, ahí
there is, there are hay
therefore porque
these estos, estas
they ellos, ellas
thief el ladrón
thing la cosa
to **think** pensar /ie/, creer
third tercero (tercer), -a
thirst la sed; **to be thirsty** tener sed
this (one) este, esta
those aquellos, aquellas
thousand mil
through por
(on) Thursday el jueves
thus así
ticket el billete
tie la corbata
time el tiempo; *(occasion)* la vez
timetable el horario
tired cansado, -a
to a; hasta
toast la(s) tostada(s)
tobacco el tabaco
today hoy
together juntos, -as; **all together** en total
toilets los servicios
tomorrow mañana; **tomorrow morning**
  mañana por la mañana; **the day after**
  tomorrow pasado mañana
tone *(dialling)* la señal
too, too much demasiado
to **touch** tocar
tourism el turismo
tourist el/la turista
towards hacia
town la cuidad
tractor el tractor
traditional tradicional
traffic el tráfico
tragedy la tragedia
to **train** entrenar
trainers las zapatillas/las botas de deporte
to **transport** transportar
to **travel** viajar
travel agency la agencia de viajes
tree el árbol
trousers el pantalón
truck el camión
trumpet la trompeta
truth la verdad
to **try on** probar /ue/, probarse /ue/
(on) Tuesday el martes

twice as much el doble
two dos; **in twos** de dos en dos

U

ugh! ¡uf!
ugly feo, -a
uncle el tío
under debajo de
underground (railway) el metro
to **underline** subrayar
to **understand** entender /ie/
undoubtedly sin duda
unemployed (estar) en paro
unemployment el paro
United Kingdom el Reino Unido
university la universidad
unknown desconocido
to **unload** descargar
unmarried soltero, -a
unmarried woman la soltera
unmarried man el soltero
unripe verde
until hasta
up arriba
USA los Estados Unidos, los EE.UU.
to **use** utilizar
usually generalmente, normalmente

V

to **vacuum** pasar la aspiradora
vacuum cleaner la aspiradora
value el valor
vanilla la vainilla
various varios, -as
vegetables la hortaliza
very muy, mucho *(see grammar 13)*
via por
video (cassette) el video
video camera la videocámara
village el pueblo, el poblado
vineyard el viñedo
violent violento, -a
visit la visita
to **visit** visitar
vocabulary el vocabulario
volley-ball el volibol

W

waistcoat el chaleco
to **wait (for)** esperar
waiter el camarero
waitress la camarera
walk el paseo
to **walk** andar, pasearse, ir de paseo; **to walk the dog** pasear el perro
to **want** querer /ie/
war la guerra
to **wash** lavar; **to wash the dishes** fregar los platos
watch el reloj
to **watch** mirar; *(TV)* ver
water el agua *(f)*
water-melon la sandía

way la forma
we nosotros, -as
wealth la riqueza
to **wear** *(clothes)* llevar
weather el tiempo; **the weather's bad/fine** hace mal/buen tiempo
week la semana; **next week** la semana que viene
weekend el fin de semana
weekdays (los) días laborables
well bien; **to be well** estar bien
west el oeste
what? ¿qué?; **what's the time?** ¿qué hora es?; **what do you think?** ¿qué te parece?; **what's on?** ¿qué dan?
wheat el trigo
when cuando; **when?** ¿cuándo?
where donde; **where?** ¿dónde?
where to? ¿adónde?
which que
which? ¿qué?, ¿cuál?, ¿cuáles?
while mientras
white blanco, -a
who que, quien; **who?** ¿quién?
whole todo, -a; entero, -a; **the whole world** todo el mundo, el mundo entero
whose? ¿de quién?
why? ¿por qué?
widespread extenso, -a
wife la mujer
wind el viento; **it's windy** hace viento
windmill el molino de viento
window la ventana
wine el vino
winter el invierno
to **wish** desear
with con
without sin; **without doubt** sin duda
woman la mujer; **young woman** la joven
wood *(forest)* el bosque
wool la lana
work el trabajo
work of art la obra
to **work** trabajar; **it doesn't work** no funciona
to **work as** trabajar de
working hours el horario
world el mundo
to **write** escribir

Y

year el año; **a year, per year** al año
yellow amarillo
yet todavía
yes sí
yesterday ayer
yoghurt el yogur
you *(informal)* tú *(sing)*; vosotros, vosotras *(pl)*
you *(formal)* usted *(sing)*; ustedes *(pl)*
young joven
young man/woman el/la joven
younger menor
youngest el/la menor